STUDY HACKS!

STUDY HACKS!を最適化する「7つ道具」を公開!!

勉強に熱中してしまう禁断の学習ツール

Photo トニー・タニウチ

3つのキーポイント

1 いつでも勉強に集中できるリラックスグッズ

2 雑音をシャットアウトし、耳から学ぶ「ラク耳勉強法」

3 勉強に熱中するツールで、成果は倍増

STUDY HACKS!の7つ道具を徹底解剖!!

ノイズキャンセリングヘッドホン

耳から無意識のうちに学ぶ

ノイズキャンセリング機能がついたヘッドホンで、耳から自然と学んでいく「ラク耳勉強法」を実行。（P32）

ICレコーダー

講義を録音して繰り返し学習

流し続けると自然に講義内容が暗記できる。倍速機能つきがおすすめ。（P29）

iPod

ポッドキャスティングで講義を受ける

無料で、高度な授業を受けられるポッドキャスティングは、最高の贅沢だ。（P26）

目薬、マッサージジェル、アロマオイル

疲れたときのリフレッシュに一工夫

目薬、マッサージジェル、アロマオイルは、勉強の疲れを吹き飛ばしてくれる。（P163）

ハーブティー

集中力を高めるおすすめハーブティー

勉強への集中力を高めるには、適切なハーブティーを選ぶ。集中力は生理現象だと考えよう。（P166）

英語雑誌

リスニングにも
シャドーイングにも大活躍

『CNN English Express』 を徹底活用。月の前半はリスニングを中心に暗記するくらい聞き、後半はシャドーイングを。（P195、200）

モバイルパソコン

Evernoteで自分辞書をつくる

細切れ時間にさっと勉強するなら自分辞書が一番。Evernoteを使えば、ワンクリックで自分辞書ができあがる。（P40）

仲間をつくれば勉強が進む、人脈も広がる

勉強は仲間づくりの絶好の機会。
積極的につながりを広げよう

Facebookで勉強グループを作成

Facebookのグループ機能なら、
勉強仲間を簡単に束ねられる。

イベントを作成して勉強会を開こう

勉強会の告知も簡単。
イベント機能なら出席者も把握できる。

STUDY HACKS!

──楽しみながら成果が上がるスキルアップのコツと習慣

小山龍介

講談社+α文庫

STUDY HACKS! Introduction
はじめに

「直立二足歩行」を始めた僕たち

人類の祖先は、大規模な氷河期に直面したとき、木から降りて二足歩行を始め、自分の足でえさを探し求め歩くようになりました。人類は獲物を追って世界中へその活動領域を広げていきました。そしてその過程で狩りの技術を身につけ、火を発見し、言葉を話すようになっていく。氷河期という生命の危機があったからこそ、その後の繁栄がもたらされました。

そうした壮大なドラマに比べるとちっぽけな話ですが、団塊《だんかい》ジュニア世代以下の若手ビジネスマンもまた、「氷河期」を経験したことを覚えているでしょう。いわゆる「就職の氷河期」。人類の祖先が二足歩行を始めたように、僕たちは自分たちの力で歩行を始め、自分のえさは自分で獲《と》れるようなスキルを身につけてきました。

僕たちが木から地上に降りて二足歩行を始めたとき、それは確かに苦痛も伴《ともな》ったつらいものでした。企業は守ってくれず、自分の人生は自分で見つけていかなくてはならない。それは厳しい経験でした。

しかし一方で、二足歩行そのものの楽しみを見出していることにも気づきます。人類の祖先が二足歩行によって繁栄を謳歌《おうか》したように、僕たちも**企業から自立することで豊かさを享受《きょうじゅ》するタイミングにきた**のです。

しがらみがなくなり、ひろびろと広がる大地を疾駆《しっく》するイメージ。そこにあるのは、広大に広がる可能性です。そして勉強は、その可能性をさらに広げるための方法論。祖先が狩りの技術を身につけ、火を発見し、言葉を話すという学習をしたように、地上に降りたからこそ必要となる勉強がそこにはあるのです。

キャリアアップをもたらす「突然変異」

就職して三年で一通りの業務をこなしたとすると、たとえば一〇年目となれば、なんと四回目のルーチンに突入するということになります。確かに、勝手知ったる自分の仕事で、快適な環境であることは間違いないでしょう。しかし本当にそれでいいのでしょうか？

昔からのやり方を踏襲《とうしゅう》するだけでは、樹上にいるようなもの。絶滅の危機に瀕《ひん》してしまいます。

今はよくても、一〇年後、「あのやりかたって、まるで天然記念物だね」と若手にささやかれる、そんな暗い未来はまっぴらごめんです。今こそ二足歩行を始めるときだというのは、こうした未来を避けるためでもあるのです。

そしてここからが重要なのですが、**新しいやりかたというのは、今までの業務の延長線上には見つからない**ということ。三回繰り返してきた業務をもう一回やったとしても、そこに新しい方法は見つかりません。経験を積めば積むほど、見えなくなるものがあるのです。

勉強というと、「学んで知識を増やす」というイメージがあるかもしれませんが、社会人にとっての勉強というのは、**「今まで経験したことを、忘れる」というゼロリセットのチャンス**でもあるのです。やり慣れた業務を、もう一度、「何の目的でやっているんだろう」「会社全体から見るとどういう意味があるんだろう」と、問い直す機会なのです。

6

悪い熟成を避ける

ある雑誌（注1）で、奥田民生《おくだたみお》とスピッツが対談していたのですが、そこで「悪い熟成」という話が出てきました。バンドを自己流で続けていると、その方法が間違っていたとしてもそれが正しいのだと勘違いをして、どんどんそのやりかたに固執《こしゅう》してしまうようになる。熟成はしても、悪い熟成をしてしまうというのです。彼らの場合、さる名プロデューサーから厳しく指導を受けることで、その悪い熟成を回避できたと対談では話しています。

この悪い熟成は、バンドだけの問題ではもちろんありません。仕事においてもこれは起こりえます。

とくに三〇歳前後で、仕事にも慣れてきてちょっとした自信も出てきたあたりが一番危ない。「このやりかたが正しい」という過信が、目を曇らせてしまう。「こういうやりかたでやってきた」「この会社ではこうやることが重要なんだ」というせりふが出てくるようだと、もはや赤信号です。

ここには、「今までこうやってきたから、こうやる」という、およそ論理的とはい

NOTE
注1 『別冊カドカワ総力特集 奥田民生 20th Anniversary』（二〇〇八年一月刊、角川ザテレビジョン＝当時）

えない論理が横たわっています。そして残念ながら、「あなた、木の上にいますよ」と忠告する人もいない。これでは「井《い》の中の蛙《かわず》」ならぬ「木の上の類人猿」。**勉強というのは、こうした悪い熟成を回避するためのもの**なのです。

勉強をすると、業務では関係のなかった知識に触れることになります。最初は聞き慣れないその知識に戸惑いも覚えるかもしれませんが、しかしその戸惑いこそが重要なのです。そこでは、あなたの中の遺伝子レベルで、確実に何らかの変化が起こっています。その変化が積み重なっていった結果、突然変異が起こる。そして**今こそ、自分自身を突然変異させるタイミング**なのです。

ライフハックエンジンとしての「勉強」

こうした突然変異を起こす勉強というものは、そのままではたいへんつらいものです。勉強が大好きという人は、相当変わった人でしょう。ここに、**ストレスフリーを目指すライフハックの活躍の場**があります。

ライフハックによって、これまではつらいものでしかなかった勉強を楽しみに変えてしまう。無理がなくて、楽しくて、楽に続けられる、ハック精神あふれる勉強。それが『STUDY HACKS!』で目指す勉強ハックなのです。

こうして勉強が楽しいものへと変わっていく一方で、ライフハックも、学習という要素を取り込むことで大きな恩恵《おんけい》を受けることになります。それが、取り巻く状況を学習することで、環境の変化に柔軟に対応できるライフハックへの進化。その人の環境に合わせたライフハック、「自分ハック」がつくり出せるようになるのです。

たとえば、本書の中で色彩検定の勉強を紹介していますが、そこで学んだ知識はそのまま、「STUDY HACKS! 63 黄色いものを周りに置く」（一七一ページ）というハックに結実しています。また、勉強中のコーチングの知識もふんだんに盛り込んでいます。ライフハックを紹介しながら、同時にそれがつくられていく過程も垣間見《かいまみ》ることのできるものになっています。

こうして、勉強を通じて新しいライフハックをつくり出していく。そのプロセスこそが勉強の醍醐味《だいごみ》。勉強はいわば、ライフハックのエンジン部分なのです。その意味でこの本は、**ライフハックを生み出す秘密の種明かし**でもあるのです。

ではいよいよ、『STUDY HACKS!』のスタートです。そしてそれは同時に、二足歩行による、人生を楽しくするライフハックのスタートでもあります。ここから、新しい一歩を踏み出していきましょう！

著者記す

アウトプット	時間管理	波及効果
考え方 ・選択と集中 ・リズムとゆらぎ **繰り返し効果** ・カラオケ感覚でシャドーイングする ・正解した問題は二度とやらない ・残された時間の半分で、復習に切り替える **段階を踏む** ・たった 1000 語でも英会話はできる ・適切な難易度の試験を選ぶ	**考え方** ・すきまとながら **時間創出** ・すきま時間を活用する ・ながら勉強で時間を倍増させる ・通勤駅のベンチで勉強する ・食事は腹八分、半日断食を取り入れる **時間効率** ・受験を思い立ったら、まず申し込む ・試験では得意分野から問題を解く ・7 時間以上寝ると記憶力がアップする ・長時間の勉強はしない ・勉強合宿で集中学習 ・連休を使って集中的にアウトプット学習する ・早朝をアウトプット学習にあてる **進捗管理** ・年間計画を立てて「積立預金」する ・問題集のページの隅に終了日を書き込む	**考え方** ・STUDY と STUDIOUS ——人生に熱中するための勉強 ・キャリアのブルーオーシャン戦略 **指針を持つ** ・師匠を持つ ・5 年後の自分の姿に名前をつける ・業務時間の 20% を自分 R&D に費やそう **効果倍増法** ・ダブルキャリアを目指す ・勉強の費用対効果 ・勉強したことをすぐに実践する
教えて学ぶ ・人に教えることで深く学ぶ ・勉強ノートを Google Documents で共有する ・ツイッターで進捗を報告する **整理する** ・全体像はマインドマップで把握しよう ・Evernote で自分辞書をつくろう ・まとめサイトで情報を集約する ・ワンポケット原則に基づく教科書の使いかた ・各予備校の解説を見比べる **実力チェック** ・Skype 英会話で実力をチェックする	**締め切り効果** ・テストで締め切り効果を生み出す **ペース管理** ・講義を受けて強制的に勉強する	**仕事での活用** ・会計を学んで水平展開する ・仕事を「ケーススタディ」に変える **人脈効果** ・Facebook で勉強グループを作成する ・勉強で広げる人脈術

	環境づくり	自己管理	インプット
Technique テクニック	**考え方** ・根性で勉強しない ・機能と形態 **モチベーションアップ** ・マイ勉強ボタンを押す ・家庭教師ではなくコーチをつける ・最先端の研究を学ぶ **強制力** ・勉強仲間をつくると途中で挫折しにくい ・ゲーム機は電源を切って箱に入れる	**考え方** ・身体と環境 ・愛着と定着 **姿勢から入る** ・まず机のそうじから始める ・腹式呼吸で雑念を消す ・あぐらをかいて勉強する **自己管理** ・昨日の自分に勝つ ・自然と勉強が進むレコーディング勉強術	**考え方** ・シータ波の効能 **大量インプット法** ・まず記憶してあとから理解する ・教科書はさかさまにして読む ・ペーパーバックで 100 万語を読破する ・覚えたことはできるだけ忘れる ・通勤の駅に合わせて暗記する ・会計を英語で勉強する ・教科書は最初から最後まで読み通す **限定インプット法** ・ヤマを張る ・問題集は答えから先に読む ・決めゼリフを丸暗記する **五感インプット法** ・夜の散歩でリスニング暗記 ・勉強でアハ!体験する
Tool ツール	**場所選び** ・喫茶店を勉強部屋にする ・自習室を借りて勉強する **ご褒美** ・極上のスイーツを食べる **ノイズ遮断** ・勉強がはかどるヘッドホンの選びかた	**刺激** ・お経を聞いて集中する ・香りで集中力をコントロールする ・黄色いものを周りに置く ・冬のエアコンは 20 度に設定する **リラックス** ・勉強に効くハーブティー ・部屋の照明を落とす	**遊び感覚** ・Nintendo DS で単語を暗記する ・ドラマで生きた英語を身につける **疑似体験** ・iTunes U で海外留学する **ラク耳勉強** ・「ラク耳勉強法」でグングン学ぶ ・先生の口調から思考を真似る ・IC レコーダーで知識を音声化する ・リスニングは年間 1000 時間 **仕組み化** ・専門誌を定期購読して図解をゲットしよう

STUDY HACKS! ―― 楽しみながら成果が上がるスキルアップのコツと習慣　目次

Chapter 3

試験ハック 選択と集中

Chapter 4 習慣ハック 愛着と定着

Chapter 6

語学ハック　リズムとゆらぎ

Chapter 7
キャリアハック STUDYとSTUDIOUS

STUDY HACKS!

——楽しみながら成果が上がるスキルアップのコツと習慣

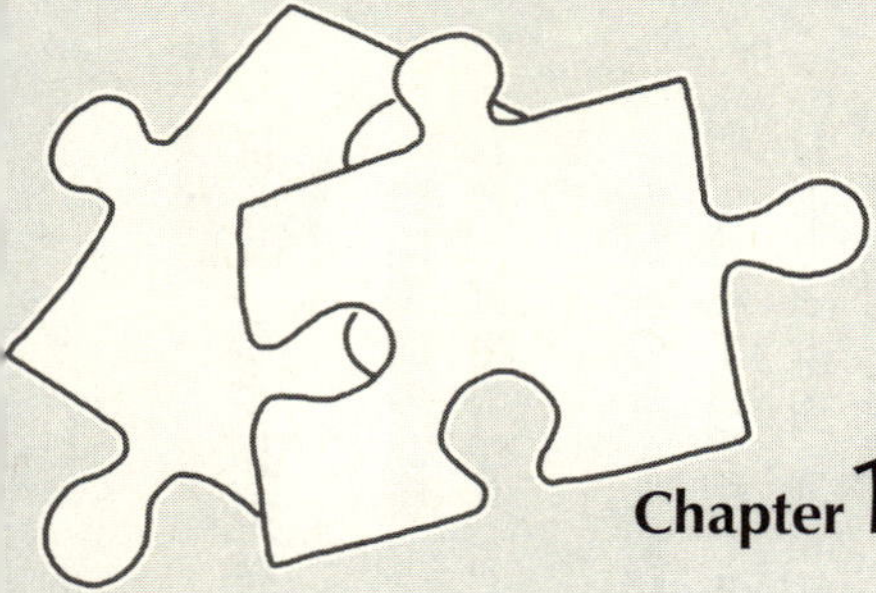

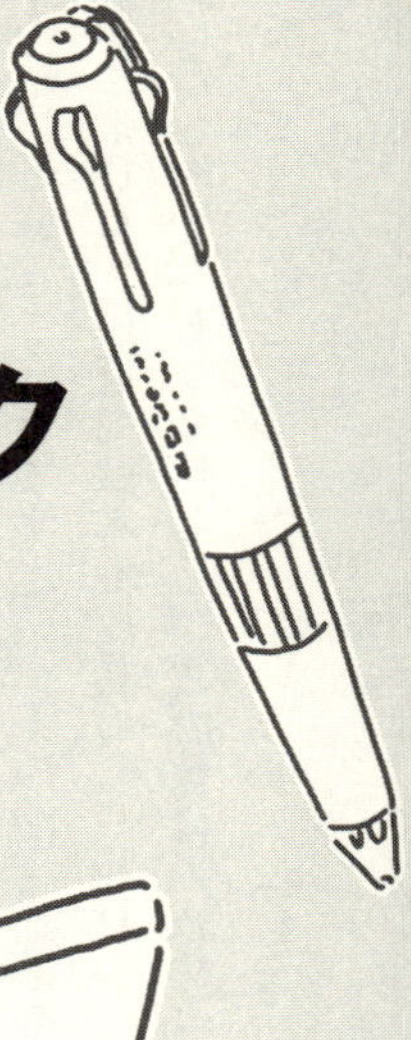

Chapter 1

Title

ツールハック

Sub Title

機能と形態

STUDY HACKS! 01

「ラク耳勉強法」でグングン学ぶ

野《の》田《だ》秀樹《ひでき》の演劇でこんなせりふがあります。「そこでは思わず目を閉じたくなるけれど、耳まで閉じるわけにはいかない。まぶたはあっても耳ぶたはないから」（注2）。

外からのどんな情報も素直に受け入れてしまう耳は、すぐれた情報のインプット装置。疲れて目を閉じることはあっても、耳を閉じることはありません。満員電車の中で両手がふさがっていたって耳は利用可能。そんな従順な耳を活用して勉強する方法、**「ラク耳勉強法」**から、この『STUDY HACKS!』を始めたいと思います。

耳からの勉強ということでまず思いつくのが、講義やセミナーなどのCD。最近では本や雑誌にCD教材がついていることも珍《めずら》しくありませんし、通信教育の教材にもCDがついてくることが多くなっています。これをi

NOTE

注2 『贋作《がんさく》・桜の森の満開の下』。のちに歌《か》舞《ぶ》伎《き》を手がけることになる、野田秀樹の「カブキっぷり」が全開で発揮《はっき》された傑作。生まれ変わりを自称する坂口《さかぐち》安吾《あんご》の作品を演劇にした本作を見ていると、坂口安吾以上に、歌舞伎役者の生まれ変わりなのではないかという思いを強くします。

iTunes Uを提供している日本の大学(一部)

東京大学
京都大学
慶應義塾大学
早稲田大学
北海道大学
九州大学
中央大学

ＰｏｄなどのＭＰ３プレイヤーに入れれば、まるで**学校そのものを持ち歩くような感覚の勉強ライブラリー**ができあがります。

さらにポッドキャスティング(音声ファイルの配信)を利用する方法もあります。iTunes Storeには、ラジオ番組をはじめ、たくさんの音声情報がポッドキャスティングの形式で掲載されています。

また、ｉＴｕｎｅｓ Ｕとして、大学の講義などもポッドキャスティングされていて、まさに学校そのもの。ｉＰｏｄを購入するだけでこんな学校に入学できるのだから、いい時代になったものです。自分なりのこだわりのカリキュラムを組んで学校づくりを楽しみましょう(注３)。

NOTE

注3　充実している海外のポッドキャスティングを利用して日本に居ながら海外留学もできる。詳しくは、第六章の語学ハック「STUDY HACKS! 77 iTunes Uで海外留学する」をご覧ください。

"The 4-Hour Work Week: Escape 9-5, Live Anywhere, and Join the New Rich" のCD。読み進めるのに根気がいる英語の本も、音声なら簡単に聞き終えることができる。

iTunes ではほかにも、オーディオブックもおすすめです。オーディオブックとは、本の朗読を録音したもの。日本ではあまりなじみがありませんが、通勤などで長時間、車を運転することの多いアメリカ人にとっては、運転中の時間を有効活用できる貴重な媒体。

アメリカで本屋さんに行くと、一角には必ずオーディオブックコーナーが用意されていますし、ベストセラーの本は必ずといっていいほどオーディオブックになっています。僕もアメリカ留学中には、図書館から借りてよく聞いていました（注4）。

NOTE

注4　中でも、トム・ピーターズの"The Brand You 50" "The Project 50" "The Professional Service Firm 50" のシリーズなどは、その過激な内容に大いに刺激を受けていました。日本では『トム・ピーターズのサラリーマン大逆襲作戦』シリーズとして出版されています。また、"THE LEAN STARTUP" をはじめ、近年の注目洋書も、基本的にオーディオブックです。

STUDY HACKS! 02

ＩＣレコーダーで知識を音声化する

このように効果的な「ラク耳勉強法」ですが、ひとつネックなのが、自分の学習している内容の音声データが入手できるとは限らない点。メジャーな検定試験であればＣＤも出ていますが、少しでもマイナーなものになると、とたんに入手が難しくなります。

そういうときには、ＩＣレコーダーを使います。**教科書の覚えたい部分を朗読して、ＩＣレコーダーで録音してしまう**のです。こうすれば、自分が教師となって自分に教える、自学自習の教室ができあがります。

この自学自習、やってみると思いもよらない効果を実感します。それは、聴覚による記憶の確かさ。視覚だけで記憶しようとしたときよりも、圧倒的に高い効果を発揮《はっき》するのです。

たとえば、教科書を目だけで読んで覚えてテストをしたとします。そうすると、細かい部分の記憶がどれだけ不確かなのか気づかされます。たとえば、数字の「６８０」と「６９０」は、文字の形としては非常に似ているため、視覚だけで覚えた場合は、はっきりと区別がつきません。

しかし音であれば、「はちじゅう」と「きゅうじゅう」は大きく異なります。**音を通じて覚えることで、記憶の混乱が起こらなくなる**のです。

このように音声は、ちょっとした音の違いで意味が変わってしまうため、細かいところまで気を配《くば》って聞いています。

一方、視覚は、全体のイメージを一瞬で捉《とら》えるのには適しているのですが、細かいところまで記憶するのは不得手。映像は音声に比べて情報量が多いので、「だいたいこんな感じのものがある」というように、おおざっぱに捉えて処理しているのです。

その点、音は細かい部分まで注意を払うことができます。ここに、記憶に関する音の優位性があるのです。

STUDY HACKS! 03

まず記憶してあとから理解する

言葉を覚える前の赤ちゃんや、明確な言語を持つ前の古代人は、まるで写真を撮るかのように、見たものをそのまま受け取っていたといわれています。洞窟壁画で描かれた線が妙にリアルなのは、見たままをそのまま記憶できる視覚を持っていたから。

どうやら人類は進化の過程で、対象を概念化して捉える能力を獲得した結果、そうした「ものをそのままの姿で見る」という能力を失ってしまったようなのです。

この意味で、ラク耳勉強法は、こうした視覚による概念化のプロセスをパスすることによって、直接的に情報を記憶することができる方法です。

それにしても、「門前《もんぜん》の小僧、習わぬ経《きょう》を読む」ということわざは、いい得て妙ですね。ものごとというのは実は、**理解していなくても記憶できてしまう**のです。お経の内容を知らなくても覚えてしまう小僧のように、音を通じていろいろなことを覚えてしまえる。難しい内容を勉強するときにこそ、実は「ラク耳勉強法」の手軽さが生きてくるのです。

理解できないことでも、まず頭の中に叩《たた》き込んでみる。それであとから、「ああ、あれはこういうことだったのか！」と理解が追いついてくるのです。

実はここには、**「理解する前に記憶する」**という重要なコンセプトが隠されています。

受け取った情報を、すでに知っている概念へとすぐに変換するのではなく、そのままの「生《なま》」の状態でまずは引き受ける（注5）。これから勉強しようとする内容はわからないから勉強するのであり、勉強するその瞬間は、「何がなんだかわからないもの」として迫《せま》ってくるもの。それを「わからないから」といって拒絶するのではなく、ひとまず「わからない」という状態で脳にインプットする（注6）。勉強のプロセスにおいては、こうした〝いい加減さ〟を許容するのがポイントです。

STUDY HACKS! 04

勉強がはかどるヘッドホンの選びかた

耳からの勉強に欠かせないのが、**ノイズキャンセリング機能つきのヘッドホン**を使った勉強法。

音というのは、その人の脳にダイレクトに響くような直接的な影響力を持っています。この力強い音の効果を最大限発揮するために持っておきたいのが、ノイズキャンセリング機能のついたヘッドホンなのです。

仕組みとしては、外のノイズと反対の波長を出すことによって、騒音を打ち消すというもので、これによりプ

NOTE

注5　そしてこれは、書類の整理術のコツでもある「分類する前に収納する」というコンセプトとも連動しています。書類をきちんと分類してから収納しようとすると、分類できない書類で机の上が埋まってしまいます。そうではなく、まず収納して机の上をきれいにしてから、あとから空き時間で分類する。手順を変えるだけで、書類整理が劇的に速くなります。

注6　『「わからない」という方法』（橋本治《はしもとおさむ》著、集英社新書）では、「わからない」というところを思索のスタート地点とする橋本治の創造の秘密が紹介されています。わからないからこそ人は学び、模索し、そして思索の旅に出るのです。

3台のノイズキャンセリングヘッドホン。それぞれ使ってみてわかる長所、短所がある。おすすめは、耳をしっかりカバーするタイプのもの。

レイヤーの音がクリアに聞こえます。電車通勤の人であれば、電車の騒音に悩まされることなく音声を楽しむことができます。

音楽と違って音声は、少し聞き逃しただけでも意味がわからなくなります。聞き直していたら時間の無駄ですし、なにより面倒です。「ラク耳勉強」をしようとしたら、音楽を聴くとき以上に、ノイズキャンセリング機能が必要となるわけです。

ノイズキャンセリング機能のヘッドホンをつけてみてわかったのですが、なにも電車に乗っているときだけではなく、普段の生活の中にもたくさんのノイズがあふれています。たとえばオフィス。コピー機やエアコン、パソコンのファンやハードディスクの駆動する音など、さまざまな雑音が入り混じっています。こんな環境で集中するというのは、相当困難です。このような場所でヘッドホンを使うことによって、**集中できる場所を飛躍的に**

増やすことができるのです。

たとえば、ファミリーレストラン。夜、集中して勉強や執筆をしたいときに、僕はよくファミリーレストランに行くのですが、そのときに絶対に欠かせないのがこのヘッドホン。ほかにも、雑音の多い喫茶店、ホテルのラウンジ、公園や、静かなだけに小さな物音が気になる図書館など、ヘッドホンひとつでたちまち没頭《ぼっとう》できる環境に変えてしまうことができます。世の中に、**自分の勉強部屋が無限に増えたくらいのインパクト**があるのです。

STUDY HACKS! 05 先生の口調から思考を真似る

中学生のころ通っていた塾でこんな思い出があります。数学の先生の口ぐせで「えっと」というのを、なぜか「えーっと」というように、やたら「っ」を強調していうのがおもしろくて、いつもからかいながら真似していました。問題につまずくと、「えーっと」。教科書のページを探すときも「えーっと」。「えーっと」がクラスの流行語になりました（注7）。

思い出してみると、数学の先生というのはどうも、ちょっと変わったしゃべり方をする人が多いようです。高校に入ってからも、苦虫を噛《か》み潰《つぶ》したような口調でしゃべる先生、やたら接続詞を強調する先生など、独特の口ぐせを持つ先生がたくさんいました。

「それがどうした」といわれるかもしれませんが、実は勉強と大きな関係があるのです。

あれは、大学受験のときのこと。問題用紙を開き、試験問題を見た瞬間に、特徴的な先生の口調がワーッとよみがえってきて、頭の中で先生が解答を説明し始めたのです！　あとはその先生の声にしたがって問題の解答を書き写していくだけ。「先生が乗り移った」と思ったくらいの鮮明な体験でした。

これはつまり、ある**考え方を学ぼうとするならば、その人の口調も真似したほうがよい**ということを意味しています。口調を真似することで、音声で伝えられる内容だけでなく、口調に表れる思考方法も自分のものにしてしまうのです。人の思考方法はえてして、その口調に如実《にょじつ》に表れるものなのです。

こうして習得された口調というのは、人から人へと伝えられていくいわば文化的遺伝子（ミーム・注8）にも

NOTE

注7　福岡県にいたころ通っていた塾で、「パンダ」とあだ名をつけられていた塾長から、いつもお説教されていました。塾の前にあるお店で買ったたい焼きが思い出です。

なります。たとえば批評家の小林秀雄《こばやしひでお》と落語家の古今亭《ここんてい》志《し》ん生《しょう》の口調がそっくりだということはよく指摘されますが、これは、小林秀雄と志ん生が同じ江戸の下町文化の影響を受けていたことを示しています（注9）。

このように言葉というのは、ある種の憑依《ひょうい》のような効果をもたらします。昔、タモリが寺山修司《てらやましゅうじ》のもの真似をしたら、話している内容まで自然と寺山風のものになって周囲が驚いた、という話もあります（注10）。口調が真似できれば、思考も真似できてしまうといういい例です。

口調を真似ることで思考方法を学ぶことができる。それがもっとも顕著に表れるのが、外国語学習です。日本語で話しているとおとなしいのに、英語で話し始めると性格が変わってしまう知人がいます。

僕自身も、自分ではあまり自覚していなかったのですが、そういう部分があるようで、英語を話していると自信たっぷりに見えるといわれたことがあります。あうんの

NOTE

注8　リチャード・ドーキンスが唱《とな》えた概念で、生物の遺伝子の概念を文化の面に応用したもの。

注9　古今亭志ん生の落語は、iTunes Store で購入可能。小林秀雄の講演については、新潮社からCDが出ています。いずれも必聴の音源です。脳科学者の茂木健一郎《もぎけんいちろう》は、最高の知的エンターテインメントであると、小林秀雄の講演を激賞しています。

注10　『コトバ・インターフェース』（タモリ＋松岡正剛《まつおかせいごう》著、ダイワアート）より。

呼吸で理解し合える日本の文化に根ざした日本語に対し、しっかりと主張しないと理解してもらえないアメリカの文化に根ざした英語。それぞれの**文化的なバックボーンが口調を通じて、個人の思考方法まで変えてしまう**んですね。

だからこそ、**どの口調を真似するのか、その選択が重要**になります。美しい口調、賢い口調、迫力のある口調、人情味あふれる口調など、どの口調を自分のものにしていくのか。それによって、自分自身を変えてしまうことだって可能なのです。

さて、勉強の話題に戻りましょう。勉強においては、授業の内容を覚えることも重要ですが、先生の口調も覚えるというハックが生まれます。そうすると、その先生の思考方法そのものが自然と身につく。先生になりきることによって、その分野の知識がすんなりと入ってくるのです。

そして、この方法がとくに力を発揮するのが、実際のテストのとき。何かを思い出そうとするとき、先生の口調を思い出して、先生になりきって考えると自然と解法がよみがえってくる。先生になりきることで、いつも以上の力を発揮することができるのです。

ということは、先ほどの**「ラク耳学校」は実は、「口調もの真似学校」**でもあるというのは、いわずもがなですね。

STUDY HACKS! 06

全体像はマインドマップで把握しよう

マインドマップとはトニー・ブザンが開発した、情報を放射状に広げながらメモする方法で、脳の仕組みにも近い記載の仕方として、発想を広げるのによく使われるテクニックです。

このマインドマップを使うと、大量の情報を関連づけながら記述でき、学ぼうとしている科目の全体像を簡単に把握《はあく》することができます。

まず、パソコンにマインドマップ作成ソフトウェアをインストールします。使い勝手がよくおすすめなのがMindManagerです。それ以外にも、フリーソフトでFreeMindなどがあります。

こうしたマインドマップ作成ソフトを使って、勉強している内容の全体像をつくっていきます。まず、教科書の目次を見て、これから勉強する章をツリー状に記入します。

そこからさらに、細かな項目を入力してマップを広げていきます。すべて記入し終

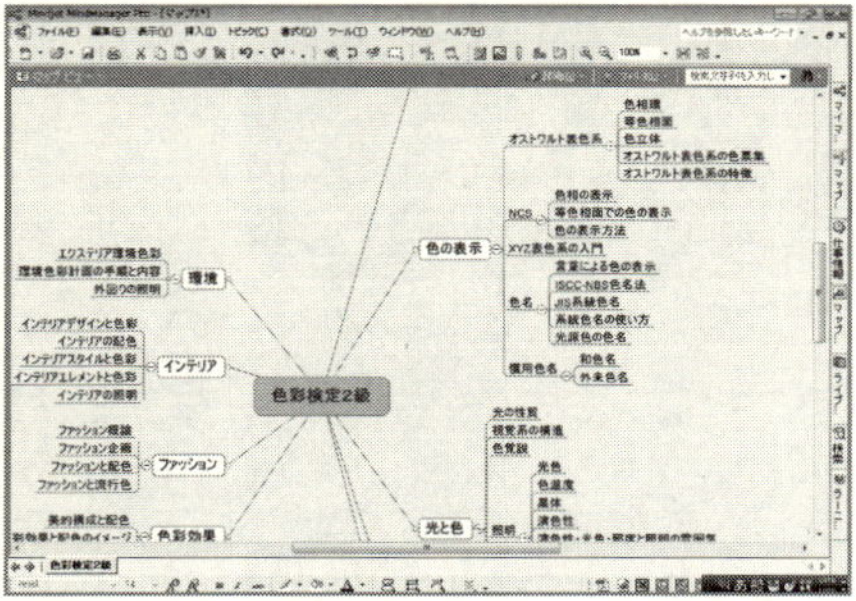

色彩検定２級の内容をマインドマップ化した画面。（Mindjet Mind Manager による画面）

わると、巨大なマインドマップができあがるはずです。このマップを見れば、勉強する内容の全体像をひと目で理解できます。

中心から外へとぱっと広がるマインドマップ状に書き換えるだけで、イメージが大きく変わるのを実感できると思います。

さらにそこから、項目へさまざまなアイコンや情報を加えていきます。

①試験への重要度を基準に、プライオリティマークをつける

②得意不得意を基準に、スマイルや泣き顔マークをつける

③勉強予定日、完了予定日を記入する

こうしてアイコンで表情をつけていくと、さらに全体像が色鮮やかに浮かび上がります。全体像を意識しながら勉強を始めることで、頭の中を整理することができる。いい換えれば、**勉強内容を構造化することができるの**です。実はこの**構造化こそ、「大人の勉強」の大きな特徴**です。

勉強内容というのは、科目が違っていても、その構造というのはよく似ています。たとえば、最初に言葉の定義があり、歴史やなりたちの説明があり、体系化され整理された知識が紹介される。そうした「知識の構造」に関する知識は、知識に関する知識という意味で「メタ知識」と呼ばれたりもします。マインドマップはそうしたメタ知識を表す「**ナレッジマップ（知識の地図）**」として機能するのです。

ここに、中・高校生の勉強と社会人の勉強の大きな違いがあります。前者は、ただ闇雲に暗記するところから始めないといけない。これは、地図を持たずに旅行に行くようなもの。ところが僕たちはそんな力技はやらなくてもいい。**知識の地図にしたがって学べばいい**わけです。

STUDY HACKS! 07

Evernote で自分辞書をつくろう

こうして作成したマインドマップは、いつも手元に持ち歩くようにします。もちろ

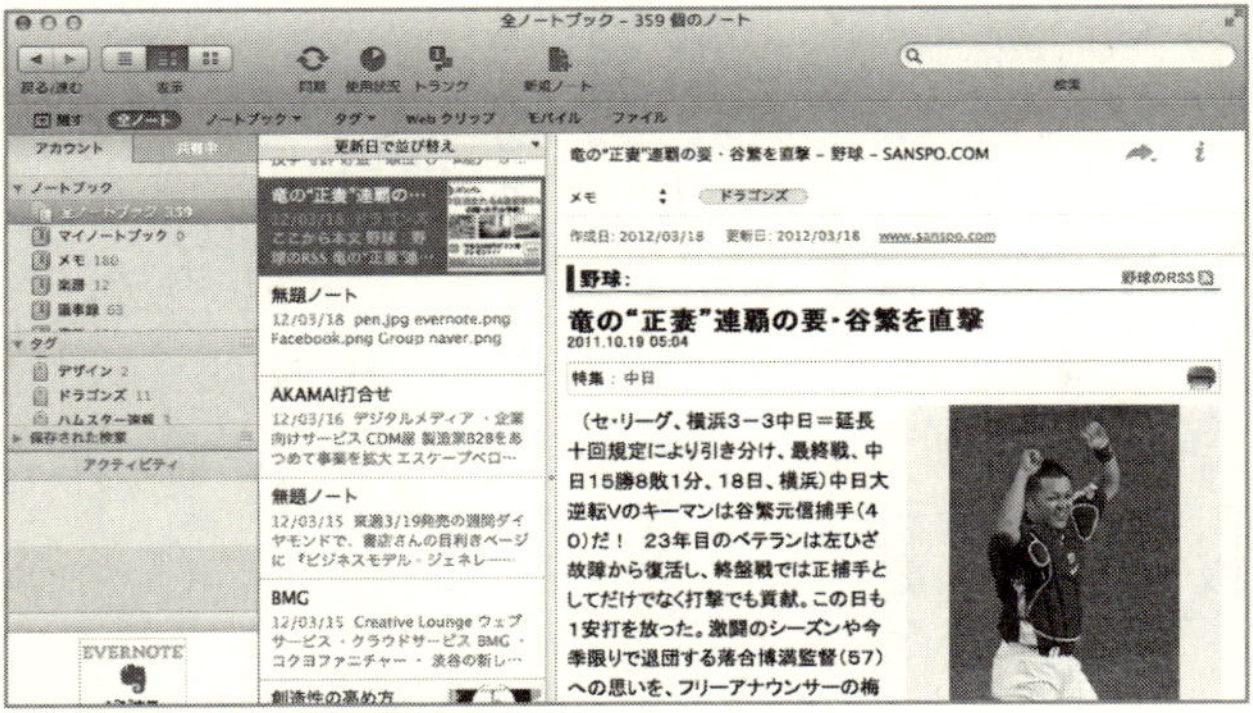

Evernoteを自分専用の辞書にする

んプリントアウトしてもいいのですが、せっかくデジタルで作成したのですから、デジタルのまま持ち歩きたいところ。

そこで活用するのが、**Evernote**《エバーノート》（注11）です。これは、メモや画像などのデータをクラウド（サーバー）に保存し、そこからパソコンをはじめ、スマートフォンなどのデバイスに同期するサービスです。

作成したマインドマップをPDFとして出力し、そのデータをEvernoteに保存すれば、マインドマップは自動的にクラウドへと保管され、スマートフォンやタブレットなどでいつでもどこでも見ることができるようになります。

このEvernoteには、マインドマップ以外にもさまざ

NOTE
注11 http://www.evernote.com/

まな情報を入れておくといいでしょう。たとえば、テキストで重要なところはデジカメで写真を撮り、Evernote に保管します。ウェブサイトのクリッピングにも使えるので、勉強内容に関連のあるページは同様に保管しておきます。

こうして情報を蓄積していくと、Evernote がまるで**自分専用の辞書**のようになっていきます。調べたいことがすぐ見つかる快適さは、自分が構築したからこそ。いつでも閲覧できるということで、すきま時間の活用にもつながり、勉強の効率アップにもなります。

STUDY HACKS! 08 専門誌を定期購読して図解をゲットしよう

Evernote による自分辞書を充実させていくためにも、多様な情報ソースを活用しましょう。雑誌や本、新聞などの紙媒体は、インターネットと違って、情報がきっちり編集されているので、**効率のいい情報収集**が可能です。

専門誌を読むポイントは、図版にあります。専門性の高い内容には当然、理解しにくい複雑な情報が含まれています。その複雑な情報を、短時間に読者に伝えなければならないため、雑誌は図版を多用します。雑誌を読むときには、そうした**図版になっ**

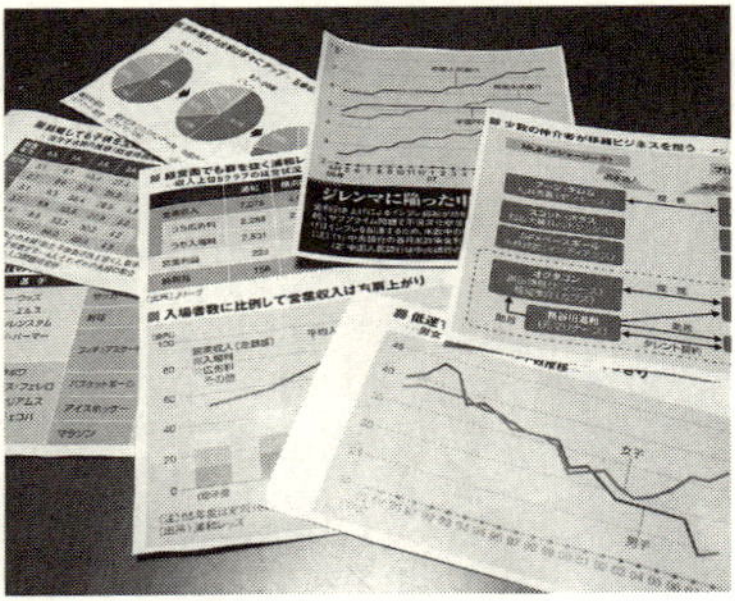

円グラフや折れ線グラフ、一覧表など、雑誌にはさまざまな図版がちりばめられている。どんどん活用しよう。

た情報に注目すると、情報収集の効率が格段にアップします。

図版にはいくつかの利点があります。ひとつは**情報の一覧性**。たとえば業界関係図などは、言葉で説明するとたいへんですが、図解すれば一目瞭然《いちもくりょうぜん》です。一時期、広告業界で急速に再編が行われたとき、図解ひとつですっきり理解できた、ということがありました。図解だと、全体像がすぐに理解できるのです。

また、ブランドのポジショニングマップのように**微妙なニュアンスを捉える場合も図が便利**です。

先日、雑誌『日経エンタテインメント』で女性タレントのポジショニングマップが掲載されていたのですが、「コンサバ↕プログレッシブ」という軸と、「役柄が印象に残る↕アイドル的人気が高い」という軸で整理されていました。同じアイドル的人気が高くても、長澤《ながさわ》まさみと黒木《くろき》メイサは、コンサバとプログレッシブという意味で対極にある、というような位置づけがわかるのです。

この図解、自分でつくろうとすると非常に時間がかかります。この作成の時間を短縮できただけでも、雑誌を購読している価値があります。こうした図解は、デジカメで写真を撮ったり、スキャナーでスキャンして保存するといいでしょう。

STUDY HACKS! 09 Facebookで勉強グループを作成する

勉強をしていると、同じように勉強する仲間ができます。ビジネススクール留学するときなどは、勉強する内容はもちろんのこと、それ以上にそこでできる多様な人脈が貴重なのだといわれました。

社会人はとくに、普段の仕事では、業務に関わるところでしか人脈が広がっていきません。それを格段に広げてくれる勉強という機会は、重要な人脈構築のチャンスなのです。

このチャンスをしっかりとサポートするのがFacebook（注12）。グループという機能を使って、勉強グループを結成するのです。

そこでは試験情報などのやりとりだけでなく、交流会のイベントや、ちょっとした

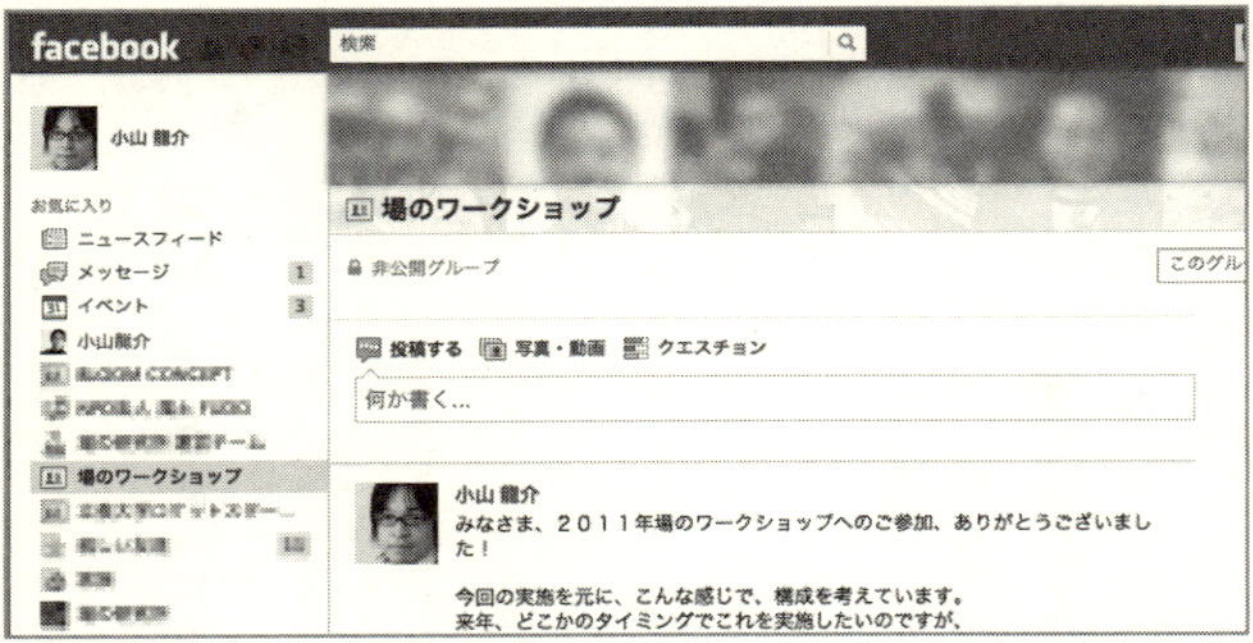

一度の出会いを人脈に変えるためにも、Facebook で強いつながりを紡《つむ》いでいこう。

雑談なども交わすといいでしょう。とくに通学型の資格試験に取り組んでいる人は、同じクラスの人たちとグループを作成して、授業の時間ではやりとりしきれないような情報交換を行っていくといいでしょう。

先日は、『ビジネスモデルジェネレーション』という本を使った勉強会に参加したのですが、参加後もちゃんと Facebook のグループに加わり、コミュニケーションを重ねています。

このような**実体の伴った人脈づくりに、Facebook の実名主義は非常に役立ちます。**相手の素性がちゃんとわかったうえでつながっていくので、突然アカウントが消えてしまったり、場を乱したりといった問題行動の起こる確率が非常に

NOTE

注12 http://www.facebook.com/

低いのです。

STUDY HACKS! 10 勉強ノートを Google Documents で共有する

大学時代、出席していない授業のノートをコピーさせてもらった経験のある人も多いと思います。テスト前ともなると、格安コピーのお店などには長い行列ができる。森林破壊の元凶はここにあるんじゃないかというくらいに、ものすごい量のコピーでした。それだけ大量の紙であっても、大学という同じ場所で生活しているがゆえに、受け渡しには苦労しませんでした。

しかし、働き始めたらこうはいきません。社会人になってからの勉強では、お互いに別の会社に勤めていたり、生活リズムも違うため、勉強仲間で大量のコピーを共有できません。そこで**活用したいのが、Google Documents**（注13）。

このサービスは、オンライン上で書類やスプレッドシート（表計算）、プレゼンテーションファイルを作成できるというもの。ファイルはEvernote 同様、クラウド側に保存されるので、ファイルを持ち運ばなくても、パソコンやスマートフォンから

NOTE
注13 http://docs.google.com/

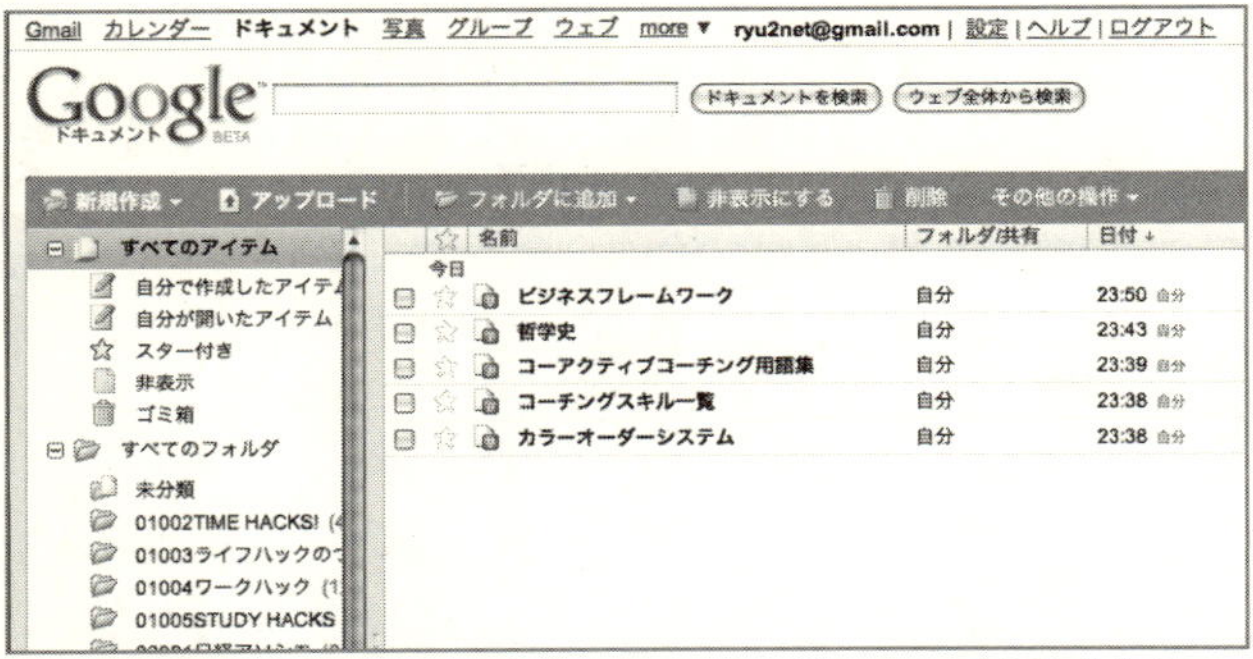

ファイルを同時に多人数で共同編集できるので、グループで書類を共有するのに便利。

アクセスできます。

さらに、クラウド保存したファイルを他人と共有するのも簡単。Google アカウントを持っている人であれば、すぐに共有でき、作成、編集作業を同時に行うことができます。**勉強ノートを共同編集していく感覚を味わえる**はずです。

STUDY HACKS! 11 人に教えることで深く学ぶ

このように勉強グループをつくって、勉強ノートを共有していくと、お互いに教え合うというシチュエーションが出てきます。心の狭《せま》い人は、「自分のことだけでもたいへんなのに、なぜ人に教えなければならないのか！」とイライラをつのらせるかもしれませんが、これはまったく逆。**教えることによって、より深く学ぶこと**

ができるのです。

学んだことをどれくらい理解しているかを調査したところ、こんな結果が出ました。

聞いたことは一〇%
見たことは一五%
聞いて見たときは二〇%
話し合ったときは四〇%
体験したときは八〇%

これを見ると、勉強した内容を深く理解しようとするなら、もちろん「体験する」ことが一番です。でも、すべてを体験しながら学ぶのはたいへんです。

実はもうひとつ、体験すること以上に学ぶことのできる、最高に効果的な学習方法があるのです。それが、教えること。理解度も、

教えたときは九〇%

という驚異的なものだったのです（注14）。

僕自身、学習したことを次のような順番で「教える」ことによって、学ぶようにしています。

①勉強会のメンバーで教え合う
②会社のチームメンバーに学んだことを教える
③ブログに学んだことを書き込む
④雑誌の連載用の原稿にする
⑤ワークショップのテーマとして利用する
⑥セミナー、研修のテーマとして利用する
⑦本の原稿として書く

これだけ教え続けていくと、はじめは一〇％くらいだったつたない理解が、最後には九〇％まで跳《は》ね上がりま

NOTE

注14　『効果10倍の〝教える〟技術―授業から企業研修まで』（吉田新一郎著、PHP新書）より。勉強術をマスターするためには実は、「教える」技術に着目するとよい。「学ぶ」と「教える」という行為は、表裏一体のものだからです。

す。

たとえば、以前学んでいたコーチングは、この方法で理解を深めた例です。コーチングを学び始めたのが八月中旬だったのですが、その内容をすぐに、会社のチームメンバーへの業務報告メールで伝えました。

その後、発行しているメールマガジンに「コーチングの勉強を始めたので、試しにクライアントになってもらえませんか？」と呼びかけ、なんと五〇人の返信をいただきました。そこから毎週コーチングを行い、翌年の七月までに一〇〇人にコーチングを実施しました。

それをまたブログに書き込み、連載にも取り上げました。また、少人数で実施しているワークショップ、セミナーや研修でもコーチングのテクニックを紹介、さらに今、こうして本の原稿にすることになっています。

二〇一二年現在、同じことをインプロヴィゼーション（即興劇）で行っています。二〇一一年の暮れに始めたばかりなのですが、それでもいろいろなところで**教えているうちに、理解度がどんどん高まっている**のを実感しています。

初心者だからといって臆《おく》することなく、いろいろな人に伝えていくことで、自分が深く学ぶことができるというわけです。

STUDY HACKS! 12

まとめサイトで情報を集約する

こうした「人に教える」ということが、身近な人に限定されることなく、より多くの人に伝えられるようになったのが、インターネットの利点です。ある人はブログで情報を紹介したり、ある人はメールマガジンを発行したりと、さまざまな方法で情報発信している人がいると思います。

中でも最近注目を集めているのが、**「まとめサイト」**です。インターネット上のさまざまな情報を、あるテーマでより集めてまとめるという作業は、同じテーマで情報を探している人たちにとって、非常に有益です。

たとえば、「Facebook でプロモーションに成功している企業の例」というテーマは、これから Facebook でプロモーションしようと思っている人たちにはとても魅力的なテーマです。しかし、こうした情報は一ヵ所にないため、いちいち検索して探し出す必要がありました。

「NAVERまとめ」などのまとめサイトでは、こうしたバラバラになった情報を一ヵ所に集める仕組みを提供しています。情報が、人の手を介してですが、組織化を図《はか》

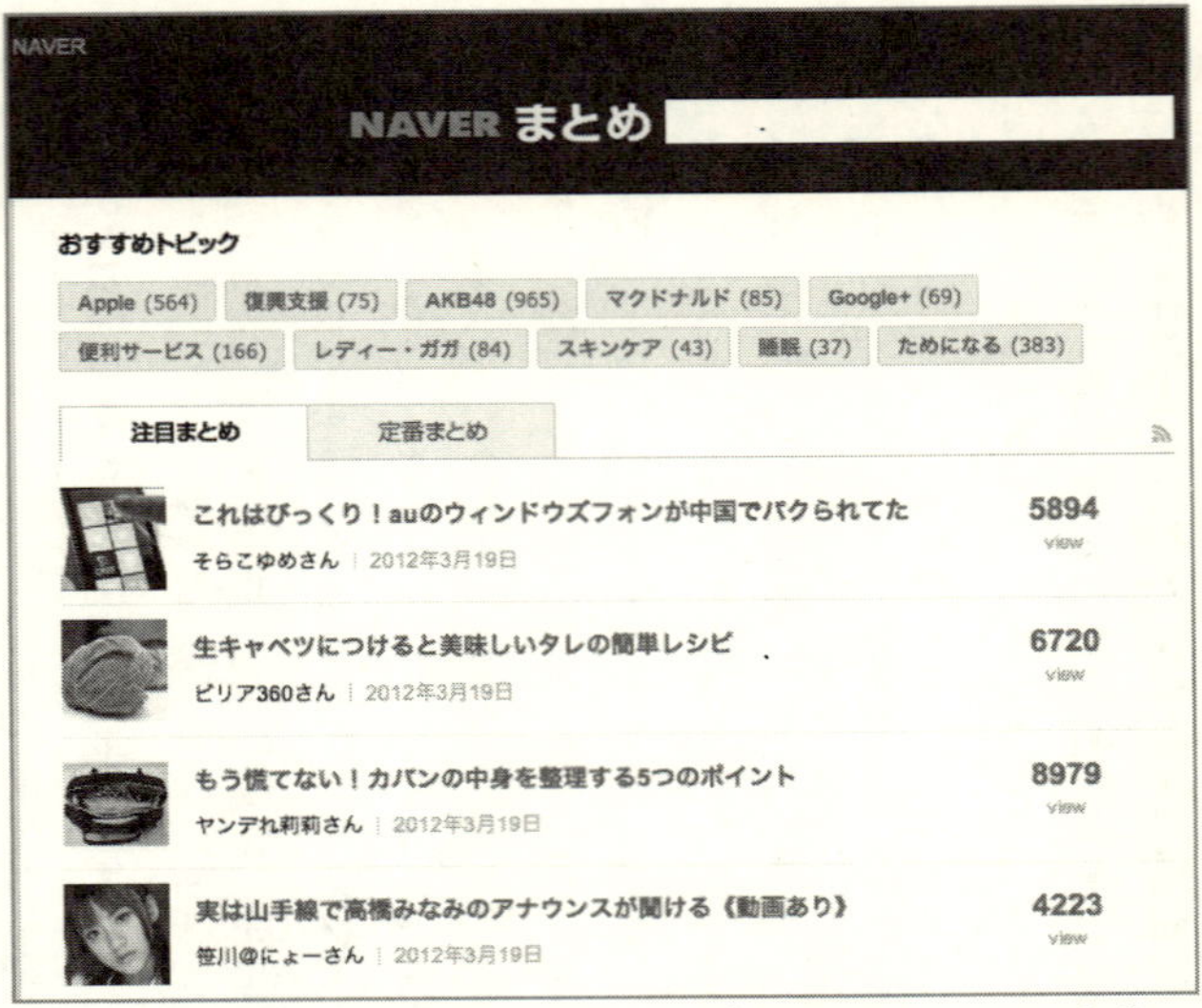

かんたんに情報をまとめたページを作成できる（http://matome.naver.jp/）

っていく様子は、インターネットがよりいっそう、使いやすいものへと変貌《へんぼう》を遂《と》げ、進化していく印象を受けます。

佐々木《ささき》俊尚《としなお》さんは、情報を掘り起こし、他人に紹介していくような作業を**「キュレーション」**と呼び、クリエーターと消費者を結ぶ重要な活動と位置づけています。勉強のプロセスにおいても、このキュレーションを行うことによって、最新情報を収集するいい機会になるとともに、それを第三者に伝えることによる自分自身への学習効果や、自分のブランディングなどにもつながります。

STUDY HACKS! 13

機能と形態

アメリカの建築家ルイス・サリヴァンが提唱した**「形態は機能に従う（Form Follows Function）」**は、建築だけでなく、二〇世紀のデザイン全般の重要なコンセプトとして広まりました。

適切な形態というのは、実現しようとしている機能と密接に関連しており、**機能に寄り添った形態を求めるべきである**というのです。このコンセプトをそのまま勉強法にあてはめてみたのが、このツールハックです。

勉強して知識を獲得するという「機能」を実現するための「形態」＝ツールはどのようなものがいいのか。理想のツールが先にあるのではなく、目的や僕たちを取り巻く環境、条件や制約から導き出された必要な機能をまず考える。そのうえで、どのようなツールが必要なのかを考えるわけです。

こうすると当然のことながら、学生時代の勉強とはまったく異なった方法が浮かび上がってきます。受験勉強には受験勉強の、社会人には社会人の勉強の機能があり、機能に合わせた勉強の形態が存在しているはずなのです。

この章で紹介した社会人ならではの勉強の機能をまとめるならば、

①知識のインプットメソッドの多様化（ラク耳勉強法など、五感の活用）

②知識の構造化（マインドマップによるメタ知識の活用）

③知識のネットワーク化（他人との知識の共有）

という三つにまとめられるでしょう。こうした機能を実現するための形態としてのツールハックを紹介してきたわけです。

みなさんもぜひ、求める機能を出発点として、一番快適な形態を見つけてみてください。

Chapter 2

Title

時間ハック

Sub Title

すきまとながら

STUDY HACKS! 14 長時間の勉強はしない

学生と社会人の勉強で一番大きな違いは、勉強時間の長さ。普段仕事をかかえている**社会人は、長時間勉強することができません。**

学生時代、とくに大学受験のときには、長時間勉強することが絶対に必要だと思っていました。ちなみに僕の場合、受験直前の勉強時間は次のような感じでした。

6：30　起床。朝食をとりながら勉強
7：30　通学。電車で揺《ゆ》られて20分
8：00　学校で早朝の勉強。このころは完全に朝派
8：45　授業。眠いときは、先生にわからないように寝る。
　　　　スリーピーというあだ名がついた
15：30　学校に居残り勉強
19：00　帰宅して夕食を食べる。ときどきドラマやバラエティを見て気晴らし
　　　　（親は結構ハラハラしていたらしい）

20：00　夕食後、駅前のミスタードーナツへ行き、勉強
24：00　帰宅。風呂に入って寝るだけ

授業も合わせれば約一四時間。今から考えると驚きの長時間です。僕は睡眠時間をしっかりとらないといけないタイプなので六時間寝ていましたが、もっと夜遅くまで勉強していた人も多かったはず。

もし今、これだけ勉強したらどんなことができるだろうか、と思うこともあります。でも、仕事をしているので、当然、これだけまとまった時間はとれません。

このことをもって「大学受験のときのような充実した勉強はもうできない……」と嘆《なげ》く人もいるかもしれません。しかし、不思議とそんな気がしません。むしろ、社会人になってからのほうがより充実した勉強ができているように感じています。

その実感はどうして出てくるのか。ここに、社会人の勉強法のポイントが隠されています。それは、**短時間勉強だからこそ引き出せる集中力の活用**です。時間がないという状況を逆手《さかて》にとり、短時間の中で集中力を維持しながら中身の濃い勉強をする。**長時間勉強しているとどうしても出てくる「中だるみ」の問題を避ける**のです。

時間というリソースは、多いほどいいと思う人もいるかもしれませんが、実はそうではありません。ビジネスのプロジェクトでも、リソースがあればあるほど、そのリソースが無駄遣いされやすいといわれています。官僚制度を研究したパーキンソンは、「仕事の量は、完成のために与えられた時間をすべて満たすまで膨張《ぼうちょう》する」という法則にまとめました。

つまり、時間というリソースが潤沢《じゅんたく》に使えるということは、それだけ時間を無駄遣いしてしまいやすいということ。こう考えると、長時間勉強できない社会人のほうがかえって、充実した勉強をしやすい環境にあるといえる理由がわかるでしょう。「長時間、勉強できない」というふうにネガティブに捉《とら》えるのではなく、むしろ**「長時間、勉強しないからこそ、集中して勉強できる」というふうにポジティブに捉え直すべきなのです。**

この章では、そんな社会人ならではの短時間での勉強方法について、紹介していきたいと思います。

STUDY HACKS! 15

すきま時間を活用する

大学受験を控えた高校生のように、まとまった時間で勉強をするのが難しい社会人は、それこそ五分の細切れ時間も無駄にできません。仕事の合間にできる**「すきま時間」**を活用することが、勉強時間捻出《ねんしゅつ》のポイントになります。

こうしたすきま時間の典型的な発生タイミングは、通勤時間、待ち合わせの待ち時間、食事の時間、就寝前など。普段だと**ぼーっとすごしてしまいそうな時間を勉強にあてていきます。**

このすきま時間の活用方法で一番いいのが、第一章「ツールハック」でも紹介した自分辞書。時間が空《あ》いたらさっとスマートフォンを取り出して、Evernoteで用語をおさらいする。さっと眺《なが》めるだけでも、少しずつ記憶の層が積み重なっていき、確実な暗記ができるようになります。

これが習慣になると、自分辞書が手元にないときには、「ああ、時間がもったいない！」とイライラしてしまうくらいに、中毒性が出てきます。「もったいない」という気持ちが生まれるというのは、つまり時間の重要性を身にしみて認識しているということであり、いい意味での緊張感が生まれます。その**緊張感が、すきま時間の勉強の効果を高めてくれる**はずです。

ちなみに、すきま時間で問題集をやろうとしたことがありましたが、これがなかなかうまくいきません。問題に答えて、解答を確認して、間違った問題を見直して、とやるためには、それなりのまとまった時間が必要です（注15）。

もしどうしても問題集をやりたいのなら、問題をやらずに答えを眺めるほうがよいのです。答えになっている用語は重要な用語ですし、それを眺めながら、「こんな問題かな」と問題文を想像するくらいのゆるい感じが、すきま時間の利用にはぴったりです。**時間の長さに合わせた勉強の仕方がある**のです。

> **NOTE**
> 注15　問題を解くなどのアウトプット学習には、別の方法論が必要です。このあとに紹介する「STUDY HACKS! 24 早朝をアウトプット学習にあてる」「STUDY HACKS! 25 連休を使って集中的にアウトプット学習する」などがそれにあたります。

STUDY HACKS! 16

通勤駅のベンチで勉強する

実は一時期、遠くへ引っ越すことを真剣に検討しました。通勤に時間をかけることで、その時間を勉強や読書にあてられるという考えからでした。気軽に試すには、引っ越しというのは大きな決断がいるのでまだ実行に移せていませんが、そのかわり「あえて通勤に時間をかける」というハックをやっています。それは、**駅のベンチに座って、わざとすきま時間をつくり出して勉強する**というものです。

都市部の運行本数の多い場所では、混んでいる電車の次の電車は、たいてい空《す》いているという法則があります。混んでいる電車には乗りたくないので、たまたま満員電車に当たったときに、一本やりすごして次に乗るようにしたのです。そしてその間、ベンチに座ってふと勉強をしてみたら、これが結構集中できる。空いている電車には乗れるし、勉強もできる。一挙両得！

しかも、ベンチでの勉強はなぜか、集中力が高まります。次の電車が来るまでという時間的制約もあり、また周りの慌《あわ》ただしさもあって、のんびりした気持ちがキリッと引き締まるのです。

そのうち、混んでいない時間でもやりすごすようにしたり、あえて目的の駅を乗りすごして折り返したり、いろいろな方法ですきま時間をつくってみるようになりました。そういう地道な努力が実を結び、遠くに引っ越さなくても同じような効果が出るようになったのです。

職場から遠くに住んでいる方は、急行ではなく、**あえて鈍行《どんこう》の電車に乗って勉強するというのも**、ひとつの方法です。空いているうえに勉強時間も確保できます。

こうして生み出される時間はほんのわずかで、仕事や普段の生活にはほとんど影響を与えません。しかし、勉強にとっては非常に価値のある時間。さらに副次的な効果として、**生活に対して精神的な余裕が生まれる**ということもあります。

常に効率一辺倒で生活していると、どうしても心がすさんでいきます。ちょっと鈍行に乗ってみるか、という判断は、「そんなに急いでどうするの」という現代社会に対する批評にもなっています（注16）。

便利になればなるほど失われていくのが、ゆったりとした時間。腰をすえて本を読んだり勉強したりする時間は、現代においては非常に貴重です。

> **NOTE**
> 注16　ライフハックは、何も効率ばかりを追い求めるものではありません。知的生産性を考えたときには、むしろこのすきま時間のような多少の無駄も必要となります。重要なのは、ハックのもたらす効果の高さであり、効率のよさが最終目的ではないのです。

STUDY HACKS! 17

ながら勉強で時間を倍増させる

中小企業診断士の勉強をしていたときのこと。合格には一〇〇〇時間の勉強時間が必要といわれる中小企業診断士ですが、結果としては、勉強をスタートした年に一次を合格しました。

当時は広告代理店に勤めていて、多いときに月間の時間外労働が二〇〇時間を超える、つまり定時の勤務時間も合わせて三六〇時間も働いている超過密労働でした。これは、土日も含めて平均すると一日一二時間働いていることになります。食事してお風呂に入り、すこしリラックスしたら、もう一日が終わりです。

そんな中で、合格に必要な勉強時間を確保できたのは、**「ながら勉強」を導入したから**です。たとえば、食事しながら勉強。朝食を三〇分、昼食、夕食をそれぞれ一時間と計算しても、二・五時間の勉強時間が確保できます。これを一年間続けると、なんと九〇〇時間を超えてきます。

ほかにも、運動しながら、という勉強もあります。アメリカに留学していたときには、ｉＰｏｄに英語のポッドキャスティングを入れて、それを聞きながらランニングマシンでトレーニングしていました。運動のもたらす適度なリズムが、英語の聞き取りにもプラスに働きました。ランニングそのものも退屈しなくなり、まさに一挙両得のながら勉強でした。

さらに、家事をやりながらというのもおすすめです。そうじや洗濯といった単純作業は、そのままやっていると退屈なものです。そこでｉＰｏｄを使ってラク耳勉強をしながら家事をする。

家事も楽しくなるし、勉強もできるというのは、運動のときと同じ。こうした工夫も、時間がないからこそ生まれるものであって、時間が潤沢にあるとかえってこうした相乗効果を見すごしてしまうわけです。

STUDY HACKS! 18

会計を英語で勉強する

こうした時間の二倍活用だけでなく、勉強内容についてもダブルの効果を目指すことができます。たとえば、英語と会計のことを勉強しているのなら、いっそのこと**英語で会計の勉強をしてしまえばよい**のです。

実はこれ、実際にやってみた勉強法です。もともとはビジネススクール入学の準備として行いました。アメリカのビジネススクールでは、当然のことながら授業はすべて英語で行われます。なので、授業で出てくる英単語が日本語の何に相当するのか、授業を受ける前に調べておかなければなりません。そうしないと、日本語としては知っているのにそれに該当する英単語がわからず、授業全体が理解できなくなる事態に陥《おちい》ってしまいます。とくに専門用語の多い会計については、日本にいる間に英語の教科書でおさらいしておくといいわけです。

ここで不思議なことが起こりました。どういうわけか、**日本語で勉強するよりも英

語で勉強したほうが、すんなり理解できる。わかりやすいのです。これには驚きました。日本語だと多少混乱して理解していた概念が、なぜか英語だとすっきりと説明されていて、シンプルに理解できるのです。

これは結局、日本語に訳したときの訳語の問題ではないかと思います。外国の会計の概念を取り入れるときに苦心して行った日本語訳が、しかしそれほどうまく訳しきれていない場合がある。また、漢字には複数の意味があるため、漢字の意味にひっぱられて違う意味を想像してしまうのも一因でしょう。

もともとシンプルだった言葉が、日本語訳され、さらに多義的な漢字という文字で表現されたときに、複雑かつあいまいな言葉に変化してしまったのです。たとえば「貸借対照表」。英語であればバランスシートと呼ばれるものですが、「対照表」と訳されてしまったがために、かえって理解しづらくなってしまっています（注17）。

英語で会計を勉強するのにおすすめしたい本は、"Essentials of Accounting" (Robert N. Anthony, Leslie K.Breitner)。日本語版も『エッセンシャルズ・

NOTE

注17　知人にいわせると、西洋哲学も英語で読むとわかりやすいらしいです。海外からきている概念はどれも、一度、原書で確認するほうが、かえって近道ということもあるのかもしれません。

オブ・アカウンティング（英文会計の基礎）』（ピアソンエデュケーション）として出ています。言葉だけでなく説明の仕方もシンプルで、非常に理解しやすい。ぜひ手にとってみてください。

会計以外にも、「英語でマーケティングを学ぶ」というように、**さまざまな組み合わせの「ながら勉強」が可能です。**

STUDY HACKS! 19

七時間以上寝ると記憶力がアップする

大学受験の勉強について、昔は「四当五落」という言葉があって、睡眠時間を四時間まで削《けず》れば合格するけれど、五時間寝ているようだと落ちる、ということがまことしやかにいわれていました。

ところが、僕自身は必ず六時間は寝るようにしていましたし、それでも授業中には眠くなって寝てしまう。あまりにひどいので、前述の通り「スリーピー」というあだ名をつけられたくらいでした。これはもう、体質的な問題なのでいかんともしがたい。いわゆる「ロングスリーパー体質」なのです（注18）。

ところが、あとでいろいろと調べてみると、長く寝ることは勉強にとってマイナスではなく、むしろ**寝ないことのほうがマイナス**だということがわかってきました。というのも、**人の記憶というのは寝ているときに定着する**から。寝ているときに見る夢は、実は昼間の経験を整理して記憶へと定着させるプロセス。つまり、**睡眠時間をいたずらに減らすと、勉強にとってむしろ逆効果になる**ということなのです。一説には七時間以上の睡眠が、記憶力を高めるのに理想的だそうです。

睡眠と記憶ということでいうと、語学学習がいい例です。ビジネススクール留学していたとき、最初はとにかく授業の内容を聞き取るのに必死。そうすると、夜一〇時くらいにはどうにも耐え切れない眠気が襲《おそ》ってきます。

明日の予習をしなければならないのに……という思いもむなしく、寝てしまっていました。これはつまり、日中に得た言語知識を定着させるために、脳がわざとしっかりと寝るように指令していたわけです。睡眠学習という言葉がありますが、記憶に関していえば、これは実際に誰もが行っていることなのです。

社会人になるとさらに、本業の仕事への影響も考えなければなりません。勉強するために睡眠時間を減らし、その結果、仕事中にパフォーマンスが発揮《はっき》できずに残業す

NOTE
注18　ショートスリーパーの人の自慢話を真《ま》に受けるとたいへんなことになります。体質の問題であり、根性や精神力の問題ではないのです。

る……。そんなことになったら、まさに本末転倒《ほんまつてんとう》です。
また、睡眠時間が短いと、集中力を必要とするすきま勉強やながら勉強もできません。記憶の仕組みと合わせて考えると、**睡眠時間をしっかりとったほうがかえって勉強がはかどる**という結果になるのです。

今では、七時間眠るようにしています。仕事もして、執筆もして、そのほかコーチングなどもしていると、「そんなに寝る時間があるの？　こなせるの？」といわれるのですが、最近ではむしろ、「それだけ寝ないととても対処できない！」と思うようになっています。それだけ、仕事をしているときの時間の密度が濃くなって、時間の長さは関係なくなってきています。

STUDY HACKS! 20

講義を受けて強制的に勉強する

社会人の勉強で判断が難しいのが、通学をするかどうかということ。学校に通えば、それだけ時間の制約も受けますし、仕事も切り上げたりしなければならない。一見すると、独学したほうがいいようにも思えます。しかし個人的には、**学校に行って**

講義を受けたほうが、結果的に効率がよいと感じています。

それは、強制的に勉強せざるをえない環境に自分を置くことができるから。講義の時間が決まっていれば、その時間については強制的に勉強することになります。

『TIME HACKS!』で自分へのアポイントを入れるというハックを紹介しましたが、講義はいわば、**強制的な自分へのアポイント**になるのです。

勉強していることを会社に伝えているのであれば、通学は残業を断る格好の理由にもなります。平日の夜に学校があれば、その日はノー残業デー。延々と続く仕事の連鎖を断ち切ることができます。**仕事に対しても、締め切り効果を期待できる**のです。

それだけではなく、講義ならではの強い印象もポイント。音楽をライブで聴くのとCDで聴くのとでは大きな違いがあるように、実際に先生を目の前にして講義を受けると、勉強内容も強い印象とともに記憶に残ります(注19)。また、先生の口調や授業の雰囲気も含めて受け取るようにすると、講義の効果はさらに増すはずです

NOTE

注19　経験としての記憶は強く残ります。たとえば「この内容の授業は、つらい感じで授業を受けていたなあ」というように、そのときの感情と合わせて授業内容を覚えていきましょう。

注20　口調を真似るようにすると思考も学べるということを、第一章ツールハック「STUDY HACKS! 05　先生の口調から思考を真似る」で紹介しました。

（注20）。

STUDY HACKS! 21

テストで締め切り効果を生み出す

「一夜漬《いちやづ》け」というのは、よくない勉強法のひとつだと一般には思われています。付《つ》け焼《や》き刃《ば》的にテストに対処するというのは、確かにそこだけ取り出すと、本質的な解決にはなっていません。本当はこつこつと勉強すべきという正論は、確かにそうです。

しかし社会人になると、こつこつとやるのにも限界があります。ある程度、締め切りを設定して勉強を進めていかないと、ずるずると進《しん》捗《ちょく》が遅れていくことになります。勉強の進捗を守るためにもテストは有効で、テストがあるがためにテスト範囲の勉強を進めないといけないという強制力が働きます。**テストを、締め切りとして活用する**のです。

以前、色彩検定を受検したのですが（注21）、色彩検

NOTE

注21　なぜ色彩検定を？　という質問を受けるのですが、その答えが、第七章キャリアハック「STUDY HACKS! 80　キャリアのブルーオーシャン戦略」に隠されています。実は、独自のキャリアを構築するハックなのです。

定の受験準備クラスでは毎週テストがあり、しかもテストの結果がクラスメートの前で明らかになってしまう。誰だって恥をかきたくないわけで、非常に強力な締め切り効果を発揮しました。

忙《いそが》しい週、出張が重なった週など、どうしても勉強時間が確保できないときは、それこそテスト直前に勉強することになります。さすがに徹夜まではしませんし、勉強したとしても三〇分程度のものだったりもしますが、それでも、これをやるのとやらないのとではもちろん、やったほうがいい。もしテストがなければ、そのままずるずると、勉強しないままになっているはずです。

通学のメリットとして、こうした定期的なテストを実施してくれることがあります。しかも他人のテスト結果もフィードバックしてくれるので、自分が今、どのレベルにいるのかもよくわかる。講義時間もそうですが、**テストの実施も、社会人にとっては貴重なペースメーカー**なのです（注22）。

NOTE

注22　講師以外に、ペースメーカーをつけることもできます。具体的には、第四章習慣ハック「STUDY HACKS! 43 家庭教師ではなくコーチをつける」をご覧ください。

STUDY HACKS! 22

年間計画を立てて「積立預金」する

中小企業診断士に合格するには一〇〇〇時間の勉強が必要だという話をしましたが、資格試験の勉強にはこのような合格までの目安となる勉強時間があります。

その時間をきちんと積み重ねることができれば合格できますし、積み重ねることができなければ合格できない。時間の使い方が各人の裁量《さいりょう》にゆだねられている社会人の勉強では、**合格不合格を左右する要素の大部分は、頭のよさの問題ではなく、時間のやりくりの問題**なのです。

もし仮に、問題が相当な思考力を求める試験であれば、いわゆる地頭《じあたま》のよさが必要になりますが、資格試験の場合にはそういうことはまれ。しっかり知識が身についていれば合格できるようになっています。つまり、ちゃんとがんばれば誰もが合格できるものです。

漫画『ドラゴン桜』では、誰でも東大に入れるというようないいかたをしていましたが、基本的には同じことです。そこで「数学は暗記」といい切るように、大学入試であっても究極的には詰め込みで対処できる。資格試験は、大学受験よりもさらにそ

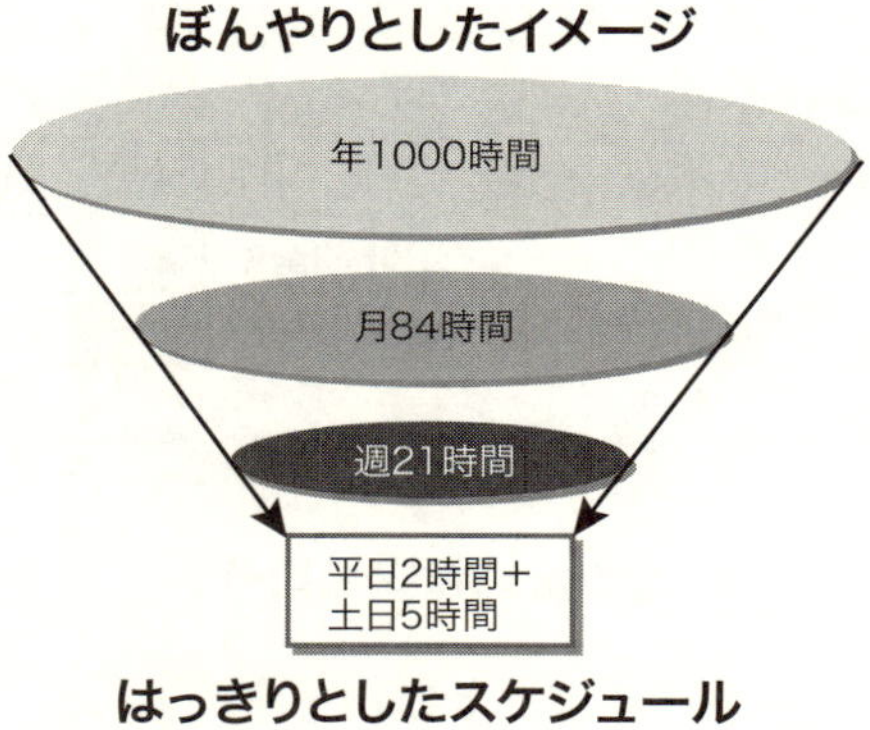

の傾向が強いわけで、頭のよさは合格不合格には関係ないのです。

　そうすると、あとは**一〇〇〇時間をどうやって積み立てていくかという問題**だけです。

　これにはやはり、計画性が重要です。中小企業診断士の試験のときには、ざっくりとした月ごとの勉強時間を割り出し、そこから一週間、さらには一日の勉強スケジュールへと落とし込んでいきました。そうすることで、**大きな目標が一日の具体的な行動へとブレークダウンすることができる**のです。

　そして、ここが重要なのですが、毎月、実際にやった時間をエクセルの表にして記録していきました。記録していくと、遠いゴールのように思えた一〇〇〇時間でも、一歩一歩近づいているという実感が湧《わ》いてきます。まさに千里《せんり》の道も一歩か

10年5000時間の配分例

1500時間	ビジネスで不自由しない英語力
1000時間	ビジネスの基礎知識としての中小企業診断士試験
1000時間	インターネットなどの最新分野の勉強
800時間	キャリアをユニークなものにするためのデザインの勉強
500時間	楽器など趣味の習い事

↓

なりたい将来の自分

ら。とくに、合格への手ごたえの少ない初期のころには心のよりどころになるはずです。

こうした勉強時間の記録をつけ始めると、今度は、今後の人生でどれくらいの時間を勉強に費《つい》やせるかがわかってきます。

年間一〇〇〇時間を続けるのはなかなかたいへんですが、五〇〇時間くらいであれば、コンスタントに生み出せます。とすると、一〇年で五〇〇〇時間。これをどう配分していくか。こう考えるだけで、人生計画もずいぶん現実味を帯《お》びてくるはずです。

仕事にも同じことがいえます。日々、なにげなく時間をかけて仕事をしていますが、その**蓄積というのは、振り返ってみると大きな成果となって返ってくる。**大切なのは、一日一日、充実した時間をすごすことで、それを足し上げれば、天才でも成《な》し遂《と》げられないことも実現できる（かもしれない）。問題は、そういう長期的な視野でスキルやキャリアを見渡す機会がなかなかないことです。

忙しい時代だからこそ、こういう「勉強の積立預金」や「仕事の積立預金」という考え方が大切になります。そして、その「積立預金」で将来何をしたいのか。資格試験の合格というだけでなく、より壮大なイメージ、夢を持ちたいものです。

STUDY HACKS! 23 問題集のページの隅に終了日を書き込む

『キャスト・アウェイ』という映画があります。トム・ハンクス演じる主人公が無人島に流れ着き、最後には助かるというストーリーだったのですが、その中でなにげないながらも、印象的なシーンがありました。それは、しばらく無人島ですごしていると、そのうち日にちの感覚がなくなってしまい、何日経過したのかを岩にしるしをつけ始めるというもの。これを見て、「試験勉強も、無人島の生活も似ているんだな……」と感じたのです。

勉強が少しマンネリ化してきたころ、いったい勉強が進んでいるのかどうか、わからなくなる瞬間があります。その感覚に陥《おちい》ると、非常につらいものがあります。そこで、トム・ハンクスがとったような「記録をつける」という方法は、実は有効なのです。

さきほどのカレンダー以外にも、たとえば問題集やテキストなどで終了した日を書き込むというのも効果があります。少しでもいいのです。進んだページにその日の日付を入れる。こうすると、少しでもいいから毎日進めていこうというモチベーションにもなります。こういう**「やったぞ！」とか「進んだぞ！」という実感が、長丁場《ながちょうば》となる資格試験勉強などでは有効**なのです。

こうした記録は、復習の際の時間の目安にも利用できます。一冊の問題集をどれくらいの時間をかけてやり終えたのか、その日付を見れば一目瞭然《いちもくりょうぜん》です。分厚い問題集になればなるほど、そうした進捗の情報が貴重になってきます。

たとえば、ビジネススクールへの留学には「GMAT」というテストを受けるのですが、その問題集はまるで電話帳のような厚さがあります。そんな厚みの問題集を、しかも何度も何度も勉強する必要があるのですが、一回にかかる時間を測定しておくと、その後の勉強計画を立てやすくなります（注23）。

こうして日付を入れていった問題集は、試験が終わっ

NOTE

注23　さらに詳しくは、第三章試験ハック「STUDY HACKS! 28　正解した問題は二度とやらない」をご覧ください。

ていざ捨てるときになると、忍びない気持ちになったことを思い出します。日付を見るだけで、「ずいぶん勉強したなあ」といういろいろな思い出が、まざまざとよみがえってきました。これもまた、かたちを変えた達成感のひとつ。「無人島に一人残された」ような気持ちになる試験勉強から、まさに「脱出した」ことへの達成感を得る勉強へのシフトなのです。

STUDY HACKS! 24 早朝をアウトプット学習にあてる

ここまで、すきま時間を活用した勉強を紹介してきました。しかし試験直前になってくると、どうしてもまとまった時間が必要になってきます。すべてがすきま時間で対応できるほど、試験勉強は甘くはありません。

では、すきま時間で対応できないものとは何でしょうか？　社会人にとって貴重な「まとまった時間」には何をするべきなのでしょうか？

それは、**アウトプット学習**です。

具体的なアウトプット学習の内容については、このあとの第三章「試験ハック」に譲《ゆず》りますが、ここでは「問題演習などアウトプットを中心とした学習」と考えていただければ結構です。学習内容のインプットであれば、すきま時間を活用することで、かなりの程度対処することはできます。これは、短い時間でもこま切れで読書ができるのと同じ原理。インプットは、短い時間の積み重ねで十分対応可能なのです。

しかし、同じ要領でアウトプットできるのかというと、そうではありません。僕自身、本を書くようになって痛感したのですが、**何かをアウトプットしようとするときには、準備運動的なプロセス**（注24）**も含め、「まとまった時間」が必要**なのです。

まとまった時間は、土日であればある程度確保できますが、平日ではなかなか難しい。どこでまとまった時間をとるのか。一番のおすすめは、少し早起きをして**早朝の時間をアウトプット学習にあてる**こと。

中小企業診断士の勉強をしていたときには、出社前、赤坂見附にあるファーストキッチンの二階で勉強をした思い出があります。朝、家ではなかなか勉強できないので、喫茶店で朝食を食べながらやっていました。

朝なので、頭もすっきりして集中力も働きます。その集中力を生かしてじっくり問題に取り組む。そのとき、できる限り、**試験当日に近い気持ちで取り組む**のがポイントです。

NOTE

注24『IDEA HACKS!』では、「儀式《ぎしき》」と呼んで紹介しました。書類を破る儀式は、いろいろな人から「効果があったよ！」といわれました。

試験の合否は、こうしてこなした問題量と集中の度合いによって決まるといっても過言ではありません。だらだらやっていても効果はありません。だからこそ、疲れ果てた頭で取り組むのではなく、**朝の一番フレッシュな頭を使うべき**なのです。

もし、夜にこうしたアウトプット学習をしたらどうでしょうか？　脳にさまざまな情報がたまった状態で、ぼんやりしながらアウトプットしようとしても、混乱するばかり。こういうときは、睡眠でリセットしたほうが、知識の記憶にとってもよいということは、先に「長時間眠る」のハックで紹介した通り。**夜はアウトプット学習はせず、睡眠時に定着させたい知識のインプットにあてたほうがよい**のです。

このように、勉強の内容に合わせた時間の使い方を工夫するだけでも、格段に勉強の効率は上がりますし、なにより無理のない、体にやさしい勉強ができるのです。

STUDY HACKS! 25 連休を使って集中的にアウトプット学習する

朝以外に、アウトプット用のまとまった時間を確保するのにいいのが、連休です。近年、いわゆるハッピーマンデー制度が導入されて、休日が土日三連休となるケースも多く、年間を通じて連休が多くなってきました。年間の勉強計画を立てるときに、最後のアウトプット学習のタイミングでどれくらいの連休があるのかということは、勉強の計画立案に大きな影響があります。

たとえば、中小企業診断士の受験日は八月上旬。そうすると、五月のゴールデンウィークがアウトプット中心に切り替えるタイミングになります。実際、予備校などではゴールデンウィークに模試を設定しています。

逆にいえば、インプット学習を連休に持ってくることは避けたいということ。というのも、長時間インプットを続けるのはたいへんだからです。たとえば、長時間学習教科書を読んで眠くならないという人がいたら、その人は相当な精神力の持ち主でしょう。

インプットするというときには、どうしても刺激が少なくなりがちで、人は退屈を感じてしまいます。だからこそ、インプット学習にはすきま時間をあてるべきです。まとまった時間を消費してはもったいないのです。**「長時間、インプット学習してはいけない」**。これが社会人勉強の鉄則です。

STUDY HACKS! 26

すきまとながら

すきまとながら。これは実は、企業の経営戦略にも通じる重要なコンセプト。企業もまた、すきまとながらをうまく利用しながら、厳しい競争をくぐり抜けているのです。

すきまは、マーケティングでいうところのニッチマーケット、すきま市場です。資金や人材といった莫大なリソースを持っている大手企業は、大きなマーケットを独占することを狙《ねら》ってきます。そこに中小企業がまともにぶつかれば当然、競争に負けてしまいます。

そのいうときに残された道は、大きなマーケットの中に生まれる小さなニッチマーケットのシェアを、全力でとりにいく「ニッチ戦略」。これは、**時間というリソースが限られている社会人のサバイバル戦略**とも重なってきます。

一方のながらは**シナジー戦略**。これもまた経営戦略の基本です。あるふたつのことをやるのに、別々にやるのではなく、その間に相乗効果が生まれるような方法を考え

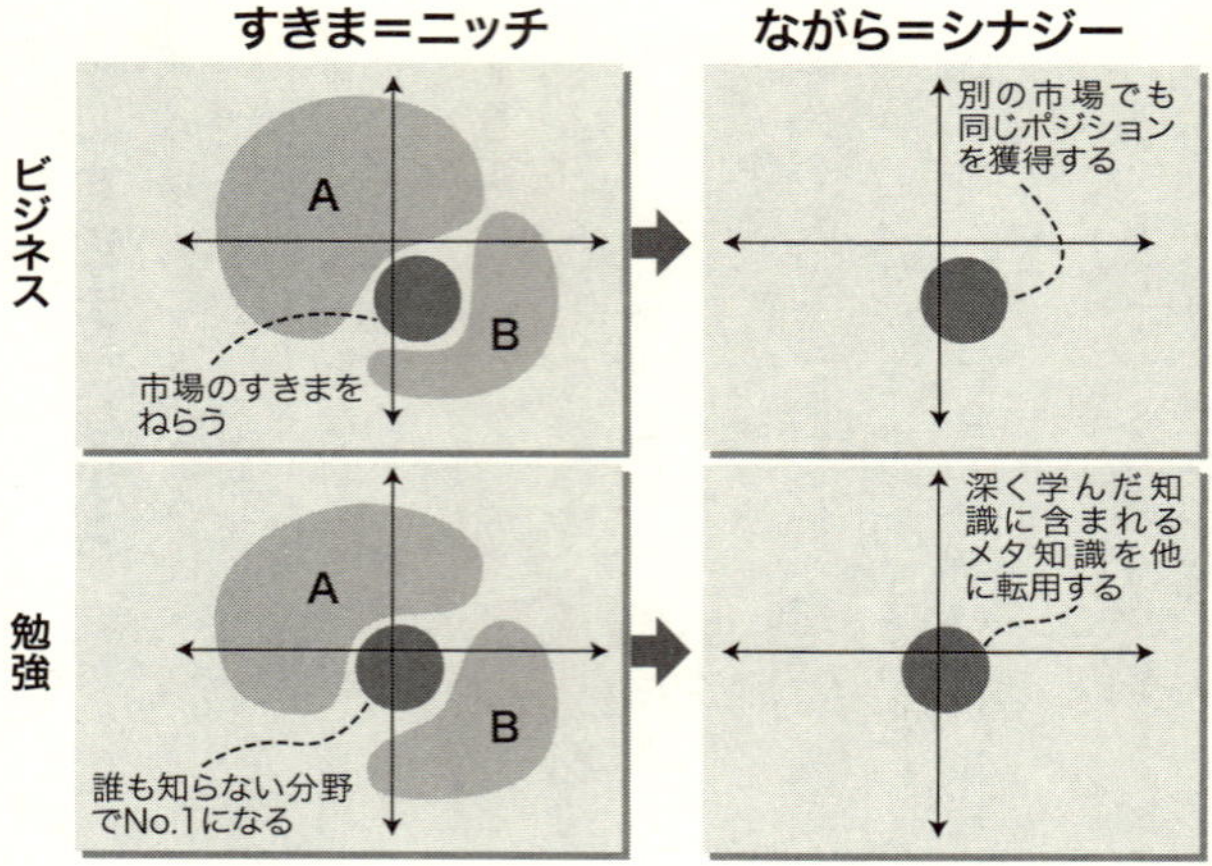

る。

最近では、携帯電話にアクオスやビエラ、ブラビアなど、さまざまな家電ブランドの名前がつけられていますが、これもまたシナジー効果を狙ったもの。それぞれ独自にブランドをつくっていくよりも、効率的かつ効果的だという判断があるのです。

社会人であれば、たとえば勉強と仕事の相乗効果を狙うことが考えられます。仕事をしながら、その業務の中で勉強もこなす。社会人ならではのシナジーを利《き》かせた勉強が可能になります。

このように、すきまとながらは、勉強時間の捻出だけにとどまらない、戦略論、戦術論にもつながる重要な概念です。この概念はそのまま、この本の最終章(第七章)のキャリアハックにもつながっていきます。

そこでは、すきまは競争のない「ブルーオーシャン」という呼び名で呼ばれます(注25)。また、ながらはキャリアの水平展開やダブルキャリアの話へとつながっていくでしょう(注26)。勉強をすることで得られたすきまとながらというスキルは、勉強方法にとどまらず、**強い生きかたにもつながる重要なスキル**なのです。

NOTE

注25　第七章キャリアハック「STUDY HACKS! 80　キャリアのブルーオーシャン戦略」参照。

注26　第七章キャリアハック「STUDY HACKS! 81　会計を学んで水平展開する」「STUDY HACKS! 83　ダブルキャリアを目指す」参照。

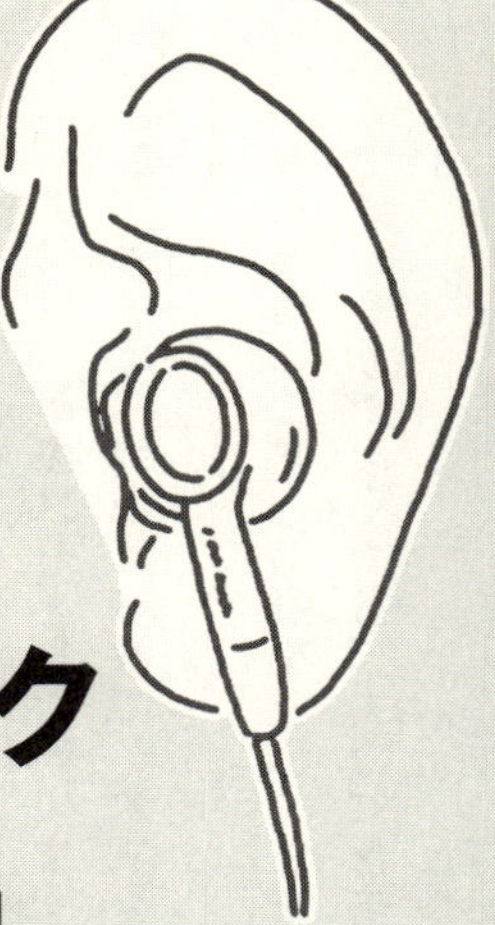

Chapter 3

Title

試験ハック

Sub Title

選択と集中

STUDY HACKS! 27

問題集は答えから先に読む

時間のない社会人、もっと手っ取り早く、すぐに試験に合格できる勉強方法があればうれしいですよね。そんな都合のいい話が、実はあるのです。それがここで紹介する「アウトプット勉強法」です。

アウトプット勉強法の目標は明快です。資格試験に合格するのに十分な解答を書くこと。目標を資格試験合格に絞《しぼ》ることで、無駄な勉強をはぶき、勉強の効率を最大限に高める方法です。

これは三つのプロセスからなります。

ひとつは、**テキストを読む前にまず、問題集から始める**ということ。どんな試験なのか、まずはぶっつけ本番でテストをしてみて、その結果から勉強戦略を立てていきます。

もし仮にそこで合格点をとれてしまったら、勉強しなくてもいい。すぐに受験すべきです。そうでなくても、すでに合格ラインに届いている分野や、弱点が見えてくるはずです。合格点を超えている得意分野はもう勉強しません。弱点補強に全力を尽くすのです。

その次にやるべきことは、**解答の解説を読む**こと。もしテストにまったく手がつけられないのであれば、問題集をやる前に解答を読んでしまってもいいくらいです。そこで使われているロジックや覚えておくべき用語を、問題集の解答から読み取るのです。

いい問題集を選べば、テキストを読まなくても、解説だけでも合格点には到達します。**いい問題集を選ぶ基準は、問題そのものではなく、解説が充実しているかどうか**にあります。

このふたつのプロセスを経たあとでようやく、テキストに取りかかります。取りかかるといっても、問題集に出てきた用語をチェックするだけの簡単なもの。テキストの該当部分に、問題集のページ数と問題番号とを記録するだけです。問題集への索引をつくるような感覚です。こうすると、何度も問題に出てくるところにはいくつもの番号が並ぶことになります。重要度が一目瞭然《いちもくりょうぜん》というわけです。

アウトプット勉強法の三つのプロセス

1	問題集をやってみる	「わからなくて当然」という気軽な気持ちで、問題をやってみる。
2	解答を読んで答えを理解する	問題の出題傾向を把握し、どんな勉強をしていくべきか検討する。
3	最後にテキストを見ていく	出題のあったところを中心に見ていく。出ないところはパスしてもいい。

こうして**アウトプットから先に行う**。そのことによって、**無駄なく、最小の労力で資格試験を突破する**。この効果を一度体験すると、病《や》みつきになるほどの劇的な効果がありま す。

STUDY HACKS! 28

正解した問題は二度とやらない

アウトプット勉強法のポイントは、**アウトプットをできるだけたくさん繰り返す**ことにあります。野球でいえば、ひたすらフリーバッティングをするようなもの。

最初はなかなか芯《しん》に当たらなかったボールも、そのうち芯で捉《とら》えられるようになる。インプット学習と違って、アウトプット学習はしっかりとした手ごたえを感じながらの勉強になります。

こうなると問題集の使い方も変わってきます。それは、**正解した問題を二度とやらない**ということ。

正解した問題は、すでに正解するだけの力があるわけですから、もう一度解《と》くのは時間の無駄です。そのかわり、苦手なところを集中的に練習します。間違った問題にチェックを入れ、次は、チェックを入れた問題だけを解いていく。こうして、間違えた問題にフォーカスして勉強していくのが、アウトプット勉強法のポイントになります。

一回目は、問題集の問題すべてを解きます。それがたとえば正答率五〇%だとすれば、二回目に再回答するべき問題は半分に減ります。二回目をやってみて、さらに五〇%正解したとすれば、三回目の勉強は全体の二五%だけで済むことになります。

こうすると、問題集をこなすために必要な時間も四分の一へと激減します。一ヵ月かかっていたのが、一週間で問題集をこなせるようになるのです。この調子でいけば、四回目は四日、五回目は二日、六回目にはとうとう一日で問題集を復習できるようになります。

もちろん、過去に正解した問題であっても、次回一〇〇%正解するという保証はありません。もしかしたら八〇%くらいかもしれません。しかし、八〇%正解する問題の正答率を一〇〇%に持っていったとしても、全体の試験結果には大きなインパクトはありません。しかも、八〇%を一〇〇%に持っていくのには、相当な労力もかかり

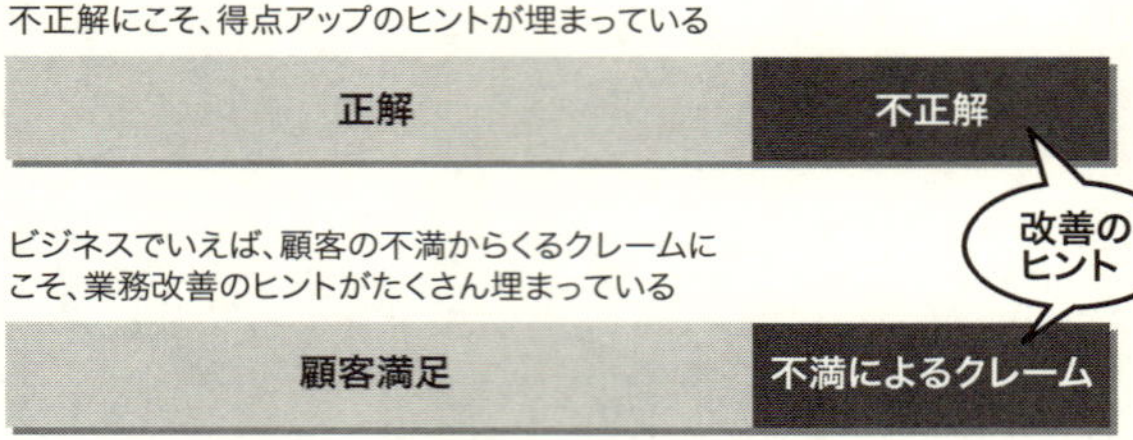

不正解にこそ、得点アップのヒントが埋まっている

ビジネスでいえば、顧客の不満からくるクレームにこそ、業務改善のヒントがたくさん埋まっている

ます。

それよりも、**これまで〇%だったものを八〇%のレベルまで持って行くほうが楽**なのです。そうして、すべての問題について八〇%程度に持っていければ、試験合格は間違いありません。

STUDY HACKS! 29 残された時間の半分で、復習に切り替える

問題集は多くこなせばこなすほど効果が上がります。しかし、短期決戦だけに時間が限られ、こなせる量にはおのずと限界があります。ここでは、その量の決定方法を考えてみたいと思います。ポイントになるのは、正答率です。

先ほど正解率を五〇%としたときの時間を計算しました。繰り返し勉強するたびにその勉強時間は半分になっていくので、最初にかかった時間を一とし、それ以降、かかる時間が半分となると、問題集を繰り返すには、以下のような時間が

かかります。

$$1+0.5+0.5^2+0.5^3+0.5^4+0.5^5 \fallingdotseq 2$$

つまり、五回繰り返すには二倍の時間が必要となる。一回目を一ヵ月で終えたなら、五回繰り返すためにはその倍の二ヵ月が必要ということになります。逆にいえば、試験まで二ヵ月あるとすれば、その半分の一ヵ月で終わる分が適正な問題量になります。適切な分量を守れば、計算上は二ヵ月後にはその問題集を五回繰り返し解いていることになります。

こうして限られた時間の中で、できるだけ多くの問題を繰り返し解けるように計算していきます。

STUDY HACKS! 30 ワンポケット原則に基づく教科書の使いかた

早稲田大学大学院の野《の》口《ぐち》悠《ゆ》紀《き》雄《お》教授が『「超」整理法』（中公新書）で提唱した書類整理術のコンセプトのひとつが、**ワンポケット原則**というもの。書類を複数の場所に散乱させずに一ヵ所＝ワンポケットにまとめるという方法で、こうすることで情報が必ずその場所にあるという安心感が得られるのです。

実は、勉強においてもこのワンポケット原則が適用できます。勉強の場合のワンポケットとは、教科書です。

勉強をしていくと、通常、いろいろなテキストを使うことになります。ある情報はAというテキストに載《の》っていて、また別の情報はBというテキストに載っている。以前、受験した色彩検定でも、公式のテキストと受験対策の学校が独自に作成したテキストのふたつを利用しており、それぞれ、カバーしている情報が微妙に異なっています。

こうなると、いつもふたつのテキストを持ち歩かなくてはならず、何かを調べるときには、ふたつのテキスト両方をチェックしなくてはならない状況に陥《おちい》ります。こういうときに必要となるのが、ワンポケット原則なのです。

具体的には次のように行います。まず、複数あるテキストのうち、**マスターとなるテキストをひとつに決めます**。そして、そのマスターテキストにすべての情報が掲載されている状態へと持っていきます。

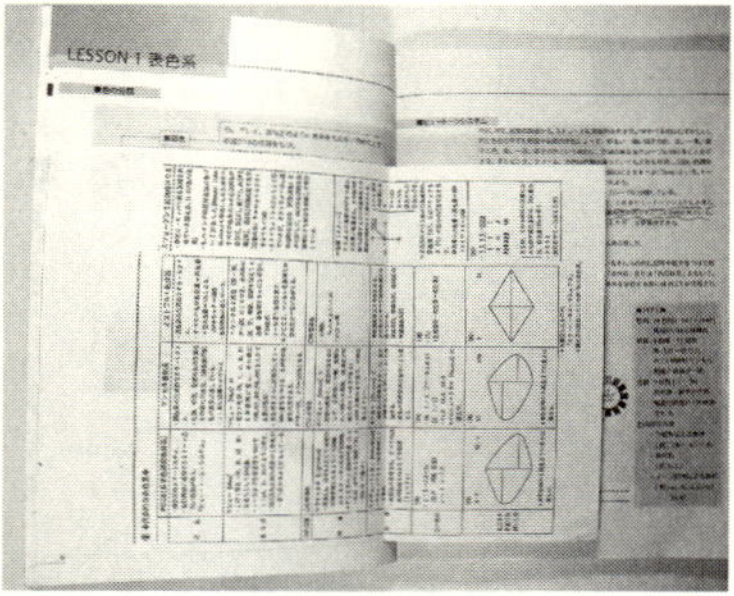

色彩検定のテキストに貼りつけられたプリント類。すべての情報をこのテキスト1冊に集約していった。

つまり、マスターテキストに載っていない情報については、**マスターテキストに書き写していく**のです。

　こうしていくと、最終的にはマスターテキストにすべての情報が集まることになります。転載する情報の量が多ければ、ほかのテキストを縮小コピーしてマスターテキストに貼《は》ってもいいでしょう。いずれにしても、ある情報を調べようと思ったときにマスターテキストだけを調べれば大丈夫、という状態に持っていければいいわけです。

　僕の場合、授業で配《くば》られる追加のプリントも、縮小コピーをしてテキストに貼りつけていきます。こうして**テキストを情報のとりまとめツールとして活用する**わけです。

　ちなみにこの方法を活用したのは、大学受験のときでした。科目選択の関係から、日本史を独学で学ばなければならない状況になってしまったのですが、先生からは山川出版社の教科書を一冊渡されて、「これを覚えれば大丈夫だから」と一言。

いっさい、日本史の授業を受けることなく、自分で勉強を進めることになりました。そのとき、最後の最後まで頼りになったのが、最初に渡された教科書でした。教科書に載っていない情報をどんどん、教科書の余白に書き込んでいき、最後には僕だけのスペシャル教科書へと変貌《へんぼう》。

ほかにテキストを利用せず、「ここにある情報がすべて」と思って一冊の教科書にまとめていったことが、「これさえ覚えれば大丈夫」という安心感につながりました。

STUDY HACKS! 31

教科書は最初から最後まで読み通す

これはお笑い芸人ロザンの宇治原史規《うじはらふみのり》さんの勉強法として『京大芸人』（講談社）に書かれていたことなのですが、**歴史の勉強をするときに教科書を最初から最後まで、一冊の本として読み通してしまう**のだそう。

通常、授業を受けていると、教科書の一部を少しずつ読み進めていく形を取ります。そのため、歴史の全体像がつかめないまま、重箱《じゅうばこ》の隅《すみ》をつつくようにして読むことになってしまいます。

ツールハックでも紹介したように、メタ知識として、大きな歴史の**全体像をまず把《は》握《あく》することは重要**です。そのためには、教科書の一部をじわじわ読み進めるのではなく、まずは一冊すべてを、最初から最後まで読んだほうがいいのです。そしてできれば、何度も読み直して、流れを頭に叩《たた》き込《こ》む。

そのうえで、細かな用語を暗記していく。土台がしっかりできあがっていて、できごと同士の関連性も見えているので、暗記もしやすくなるのです。これは非常に有効です。

大学受験における歴史科目だけでなく、あらゆる勉強にいえます。まずは全体像を把握するために、教科書を最初から最後まで読む。こうして勉強の土台部分をつくっていくのです。

STUDY HACKS! 32 教科書はさかさまにして読む

日本史を独学で勉強した話を紹介しましたが、このとき、使用したのはほぼ教科書だけ。それだけでちゃんと、センター試験レベルは対応できます。もし、たくさんの参考書を使い出したら、きっと頭が混乱して勉強が進まなかったのではないかと思います。

教科書一冊に絞ってしっかり取り組むというこの方法は、実は時間のない社会人にとって、さらに効果的なものだといえます。

教科書を、短期間のうちに情報を取り込んでいくにも、コツがあります。まるで頭にしみ込ませるインプット方法。頭にねじ込むのではなく、**スポンジに水をしみ込ませるような方法**です。

その**インプット法の代表例が、**「フォトリーディング」です。本を写真のように画像として読んでいくことで、本の内容がものすごいスピードで入ってくるというこの読書方法は、勉強においても非常に有効です。

とくに、教科書やテキストは普通の単行本とは違って、カラーだったり図解がついていたりと、視覚に訴える部分が多くレイアウトされています。画像として頭に入れていくフォトリーディングが効果を発揮《はっき》します。

具体的な方法については、フォトリーディングの講座を受けていただくとよいと思いますが、ここではひとつ、教科書をさかさまに読む、というハックを紹介したいと思います。

普通に本を読もうとすると、当然ですが、文字を読もうとしてしまいます。それで

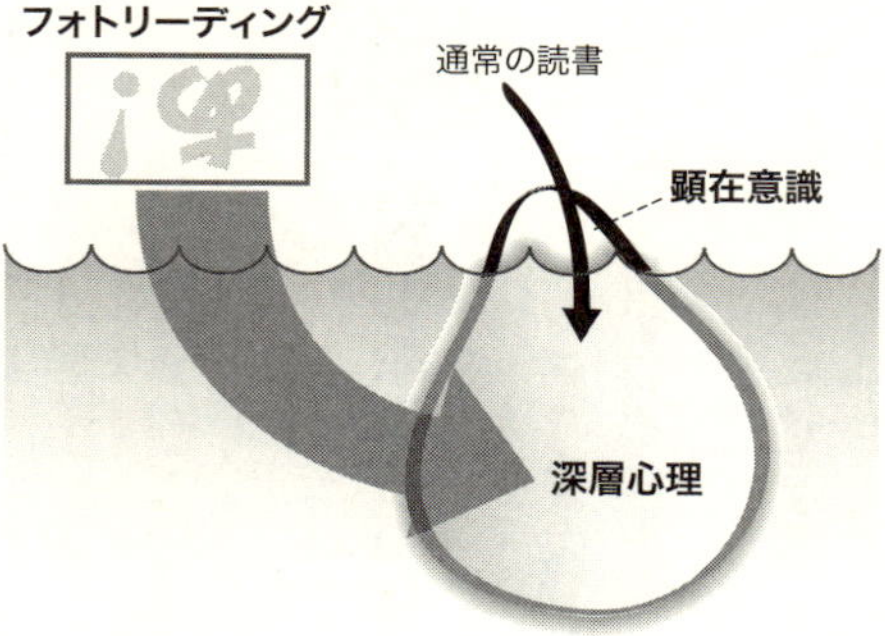

は通常の読書と同じ。フォトリーディングになりません。そこでフォトリーディングでは、あえて本をさかさまにして、文字を読めないようにして本を読んでいくということをやります。

　さかさまに眺《なが》めて、しかも一ページあたり一秒くらいでめくっていくので、普通の感覚でいえば「読んでいない」と思うかもしれません。しかし、脳というのは非常に優秀で、さかさまに読んでいても深層の部分でしっかりと情報をキャッチしているのです。何度か眺め返してみると、内容が意外と記憶の中に残っていることに気づきます。

　このとき、がちがちに集中するのではなく、静かな音楽を聴いたり自然音を流したりしながら、リラックスして行うのがポイントです。乾《かわ》いた体に水がしみ込んでいくように、情報を頭の中にしみ込ませていく。まさに、**ストレスフリーのインプット方法**

です。

別のいいかたでいえば、理解して記憶するという順番ではなく、深層で記憶して、あとから「あ、そうか！」と理解するということ。理解と記憶の順番を逆にすることです。最初から理解しないから、インプットがずっと楽になるのです。

教科書を逆さまにして、わざと理解できないような状態にして、脳の奥底に流し込む感覚でどんどんインプットしていきましょう。

STUDY HACKS! 33 通勤の駅に合わせて暗記する

こうしてインプットした情報は、しかしそのままでは使えるようになりません。というのも、脳の深層に収められた情報は、意識的に取り出すのがたいへんだからです。

取り出すためにはどうすればいいか。ここで**「整理する」というプロセス**が必要になります。そこで紹介したいのが、空間を使って情報を整理するという方法。たとえば、通勤で通過する駅に合わせて情報を覚えていくのです。

ここでは例として、山手線の駅に合わせて情報を整理してみましょう。山手線の駅名を順番に思い起こしながら、記憶したい情報を組み合わせていきます。それが次の表です。

山手線を使うと、最大二九個の情報をひもづけて覚えることができます。もちろん山手線だけではなく、身近に使っている路線を利用して覚えることができます。重要なのは、駅にそれぞれ特徴があるということ。

たとえば、恵比寿と渋谷、原宿、代々木、新宿という並びでは、街の雰囲気もまったく異なります。そうした駅固有の雰囲気を、覚えるべき情報にマッチングさせてい

1	品川	
2	大崎	
3	五反田	
4	目黒	
5	恵比寿	
6	渋谷	
7	原宿	
8	代々木	
9	新宿	
10	新大久保	
11	高田馬場	
12	目白	
13	池袋	
14	大塚	
15	巣鴨	
16	駒込	
17	田端	
18	西日暮里	
19	日暮里	
20	鶯谷	
21	上野	
22	御徒町	
23	秋葉原	
24	神田	
25	東京	
26	有楽町	
27	新橋	
28	浜松町	
29	田町	

くのです。たとえば、色彩検定で覚えなければならないカラーオーダーシステムをこの表で整理すると、こうなります。

恵比寿―PCCS表色系……四つのアルファベットがちょっとおしゃれな街っぽい。

渋谷―マンセル表色系……渋谷でマンゴーを売っていた（セル）。

原宿―オストワルト表色系……裏原の薄いガラスのショーウィンドウは、押すと割ると（オストワルト）。

代々木―NCS表色系……代々木アニメーション学院がYAGなら、色は同じ三字のNCS。

新宿―XYZ表色系……ビジネス街。ビジネスは方程式で割り切るからXYZ。

こうして場所のかもし出すイメージと、覚えるべき情報をつなぎ合わせることで、五感も交《まじ》えたイメージで記憶することができます。馬鹿らしいと思うかもしれませんが、イメージのないままに丸暗記しようとして時間を無駄にするよりは、こじつけでもしっかり覚えられたほうがいいのです。

イメージで覚えるということを別のいいかたをすれば、**情報にはっきりとしたインデックス（見出し）をつける**ということになります。情報は脳の奥底に記憶されているはずなのですが、それを取り出せないでいるのが「忘れた」という状態。記憶を引き出しやすい五感の感覚にあふれたインデックスをつけてやることで、記憶を使えるものにしてやるわけです。

　これは、インターネットの構造ともよく似ています。爆発的に増えていくウェブサイトに対して、検索エンジンが登場する以前は、効率よくアクセスする方法がありませんでした。そこで、情報に対してインデックスをつけていき、検索キーワードに合わせてひっぱってこれるようにして、インターネットが格段に使いやすくなりました。記憶も同じです。**深層にある記憶をいかにしてひっぱってこれるか**。そこに暗記力のポイントがあるわけです。

　ちなみに、利用できるのは駅名だけではありません。体を使ってもＯＫです。頭から顔、首、肩、胸、腕な

NOTE

注27　記憶術は、それだけで一冊の本になるくらい奥深いものです。ここでは記憶術のルーツをたどるという意味で、『記憶力を伸ばす技術』（ドミニク・オブライエン著、産調出版）をおすすめします。記憶術の原点である「語り」から、古代ギリシャ、古代ローマなどにおける記憶術の変遷《へんせん》を紹介する本書は、記憶術が本来、創造的で、人間の優れた能力のひとつであったことを伝えてくれます。

ど、上から順番に情報を組み合わせていくのです。そうすることで、それまでばらばらだった情報に秩序が生まれます。大切なのは、情報の秩序であり、配置。そのためには、**空間のイメージをセットにして覚えるといい**のです（注27）。

STUDY HACKS! 34

覚えたことはできるだけ忘れる

脳というのは、穴の開いた桶《おけ》。情報という水を入れても、その瞬間からこぼれ落ちていきます。こぼれ落ちていく量を少なくしようと穴を手でふさごうとしても、あまりに穴が多いので、水漏《みずも》れを止めることはできません。勉強だけをやっているならまだしも、会社で仕事をしながらだと、その水漏れはさらにひどいものになります。

忘却《ぼうきゃく》については、エビングハウスの研究が有名です。その研究では、最初の一時間のうちになんと、五四％を忘れてしまうという結果が出ています。

もし、忘れることを気にかけていたらどうなるでしょうか？　覚えても覚えても忘れてしまう自分自身に嫌気が差し、しかも仕事中も勉強のことが気になってしようがない。仕事をしていたら忘れてしまうのではないかという恐怖心が、仕事への集中力も奪《うば》ってしまう。仕事と勉強、どちらも中途半端《ちゅうとはんぱ》なものになってしまいます。

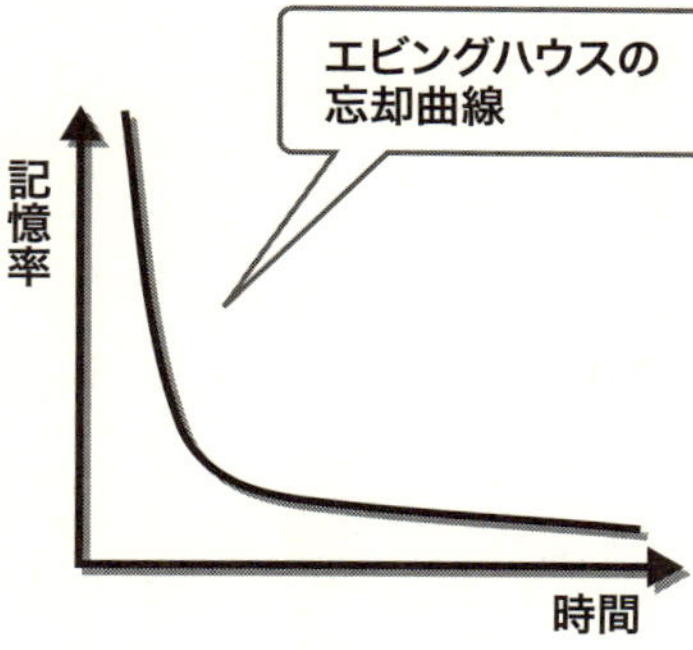

そこで、発想を逆転させる必要が出てきます。つまり、**覚えたことはできるだけ積極的に忘れる**ということ。忘れたうえで、再度、脳に放り込む。水漏れを止めるのではなく、**水が漏れるよりも多く、水を入れていくことに集中する**のです。常に水を流し込んでいれば、漏れてもいいのです。

これは脳の仕組みにも合致《がっち》しています。脳は、何度もやってくる情報を重要だと認識します。一回覚えて、忘れまいとした記憶よりも、覚えては忘れて、三～四回も覚え直した記憶のほうが、結果的により長期的な記憶として残る。だから、重要なことほどすぐに忘れて、復習を繰り返したほうがいいのです。

体の組織も、一年もたてば分子レベルではすっかり入れ替わっているという話もあります。もし何も食べなければ、当然、体の組織は崩れていってしまいます。知識も同様。もし何もインプットしていないと、せっかく身につけた知識体系もすっかり崩れていってしまいます。栄養となる新しい知識を、常に食べ続ける必要があるのです。

こうした「忘れていいんだ」という割り切りが、情報インプットの増大につながり、結果として圧倒的な勉強の成果を生み出すわけです。

STUDY HACKS! 35 各予備校の解説を見比べる

とくに記述式の問題が出題される試験においては、厳密な正解がわからない場合も多い。そういうとき有効なのが、過去の試験問題に対する**各予備校の解説を読み比べる**という勉強方法です。僕の場合、前にも書いたように大学受験において、この方法が成果を上げました。

たとえば国語の問題などは、解答者によってさまざまな答案が存在します。予備校の講師がつくったであろう模範解答も、予備校によってバラバラ。もしひとつだけを信じてしまうと、大きく間違える可能性があります。

そこで、各予備校の解答と解説を見比べて、どこがポイントなのかを自分なりに理解する必要があります。そしてそのうえで、自分なりの模範解答を作成します。すでに素材はそろっているので、この模範解答づくりにはそれほど時間はかかりません。しかし、思考を整理するという意味で大きな効果を発揮します。

結局、問題を解答するというのは、問題作成者の意図《いと》を読み、その意図にしたがった解答を書くということにつきます。試験というのは、その意図の読み合いのプロセス、つまり**問題作成者とのコミュニケーション**なのです。過去の問題であっても、そこでしっかりとコミュニケーションできて、適切な模範解答を書くことができれば、当日の試験においても適切な解答を書けるようになるはずです。

そのコミュニケーションが独《ひと》りよがりのものにならないよう、各予備校の解説を見比べる必要があるのです（注28）。

NOTE

注28　この作業は、まるで、複数の企業からのプレゼンテーションを比べるときのような感じです。問題出題というオリエンテーションに対して、どのような提案をするのか。そのお手並みを拝見、といったところです。もちろん、本番では自分がプレゼンテーションする側に回るわけですが……。

STUDY HACKS! 36

試験では得意分野から問題を解く

当日の試験では、当然のことながら**正解率の高い問題から解いていく**ことになります。もし不運にもヤマが外れて勉強したことのない分野が出ていたら、その部分はあと回し。まずは解答できるところから解いていきます。

解けるところから手をつけるので、すらすらと解答できるはずです。そうすると試験にも慣れて調子も出てくるので、あと回しにしていた難しい問題にもすんなり取り組めるようになります。

こうした解答プロセスは、アイデアの発想法にもよく似ています。アイデアを出すときに、できるだけたくさん、流れるようにアイデアを書き出していくことが重要です。悩んでしまうと流れが止まってしまい、アイデアも出なくなる。

これは、アイデアというのが結局、いろいろな情報のつながりから出てくるものであり、つながりをたどりながら出していくものだからなのです。解答も同様、**できるだけよどみなくアウトプットしていくことで、知識がスムーズに出てくるようにする**。そのためにも、得意分野から解いていくわけです。

STUDY HACKS! 37

受験を思い立ったら、まず申し込む

ここで紹介した勉強方法を適用すると、多くの資格試験で、二ヵ月もあれば十分に試験対策をすることができます。あるブログでは、一ヵ月で中小企業診断士に合格した話が載っていましたが（注29）、この方の勉強方法はやはり、アウトプット主導のものでした。これまで一年以上必要だとされていた試験を、たった一ヵ月でクリアしてしまうのです。この話でいけば、**必要だとされている準備期間の一〇分の一くらいで済んでしまう**のです。

とすると、受験を思い立つのは試験の一〜二ヵ月くらい前で十分。思い立ったら吉日、その日のうちに受験準備を始めてしまいます。一番重要なのが、試験そのものに申し込んでしまうというもの。これでいいわけがきかなくなります。受験日は決まっています。そこに向けて、あとは勉強するだけです。

一〜二ヵ月とはいえ、しかし人間です。途中で中だるみもします。そこで、できるだけスタートダッシュをかけます。短期決戦の場合、このスタートダッシュだけ

NOTE

注29　「中小企業診断士受験体験記」(http://www.geocities.jp/shindanshi1/)

で、ほぼ決着がついてしまうくらいの重要な時期です。問題集から始めるわけですが、もし問題を解くのにもたつくようであれば、さきほど紹介したように問題集の解説を読むところから始めます。これも、できるだけ**圧倒的なスピードでやる**のがポイント。

スタートダッシュに成功してしまえば、あとはそれほど難しくありません。問題集も二回目、三回目となれば問題にもやり慣れてきますし、時間もかかりません。積み重ねによる小さな達成感も感じられるので、勉強そのものもつらくはありません。「この短期間で合格したら自慢できる！」というのも自尊心をくすぐります。

勉強のためにいろいろと犠牲にするものもあるかもしれませんが、それも一～二ヵ月。そう思えば、我慢もできるはずです。

STUDY HACKS! 38 適切な難易度の試験を選ぶ

資格試験の中には、三級、二級、一級というように、級別に難易度が上がっていくものもあります。そうした資格試験においては、自分に適した難易度を選ぶということも重要になってきます。簡単すぎても飽《あ》きてしまいますし、難しすぎてもやる気が起こらなくなる。**勉強で重要なのは、人それぞれのレベルに合わせた難易度設定**。

実は学校の集団教育の限界はそこにあります。勉強ができる人にとっては退屈な時間が流れ、勉強ができない人にとっては何もわからない苦痛の時間が流れる。そして勉強ができると思っていた人にとっても、あるとき突然、「あ、わからない！」という難易度に出くわします。

まったく理解できないことに遭遇《そうぐう》したときのパニックというのは、とてもつらいものがあります。そしてそのつらさから逃れるために、最後には「自分には理解できないことがあって、そういうものは諦《あきら》めるしかないのだ」と自分にいい聞かせ、実際に諦めることになるのです。

そこには、「今まで知らなかった新しいことを知った！」という知的興奮からはほど遠い状況があります。それはひとえに、難易度を自分で選択できないところに原因があるのです。

社会人になってからは、自分自身で難易度を選ぶことができます。公認会計士になるなら、まず簿記三級から始める、というようなステップを、自分で選ぶことができる。適度に難しい試験を選んで、それを突破して自信をつけながら進んでいくことができるのです。

ここには、ロールプレイングゲームのような醍醐味《だいごみ》があります。いきなりラスボスに立ち向かっても歯が立ちません。人生というゲームをクリアするためにも、自分自身のモチベーションを維持しながらステップアップできるようなストーリーを、自分自身で用意していくのがポイントです。

比較的簡単な資格試験や検定であれば、一～二ヵ月あれば十分合格できます。それを小さなミッションとしてちりばめながら、一～数年がかりの資格試験を大きなミッションとして配置していく。三年くらいをひとつの単位として計画するとよいでしょう。

STUDY HACKS! 39 ヤマを張る

短期決戦の場合、受験範囲をすべて網羅《もうら》するというのが厳しいケースもあります。そうした場合、大胆な作戦に出ます。それが、出題される可能性があるとわかっていても捨てる。すなわち、**ヤマを張るという方法**です。

真面目な人ほど、ヤマを張るということに不安を覚えるでしょう。しかし、**短期決戦で戦う場合、合格するだけでもうけもの**。だいたい、時間の限られた中で、すべての領域をカバーしようとすることのほうが、かえって合格率を下げてしまう可能性だってあります。

そして、仮に不合格になったとしても費《つい》やした時間は短期間でしかありません。ダメージも少ないのです。だからこそ、**大胆にヤマを張って外れたとしても、長期間準備していた人に比べたらそのショックは小さくて済む**のです。

大学受験は、失敗すれば人生の大切な一年を棒に振ります。しかし、社会人にとっての試験は通常、それほど大きなものではありません。大胆に攻めていけばいいのです。

ここには勉強に限らない、大げさにいえば人生の真理が隠されています。それは、**守るものが多くなればなるほど冒険できなくなり、結果的に成果を得られなくなる**ということ。

これは、すぐれた企業が、その規模が大きくなればなるほど冒険ができなくなり、最終的には平凡な企業になっていくのも同じことです。「守りながら攻める」というのは、非常に難しいのです。

ここではあくまで勉強の話に限りますが、僕の個人的な経験でいうと、大学受験がそうでした。現役で京都大学に合格できたのですが、学力的には合格レベルに到達しているとはいいがたい状況でした。とくに、直前に、偏差値としてはやや低い私立大学を受験して不合格になったことで、周りの人は相当あせったようです。

しかし、僕自身はまったく不安はありませんでした。というのも、そのとき僕は京都大学一本に絞っており、京都大学の過去問題を何度も繰り返し解答し、解説についても赤本（教学社）、青本（駿台文庫）、緑本（Z会出版）などを見比べて分析するなど、徹底的な準備をしていたからです。

私立大学に落ちたのも当然で、まったく準備もしておらず、当日試験問題が配《くば》られてから、「へえ、こんな問題形式なんだ」とはじめて知るような状況。僕は京都大学一本にヤマを張ったわけです。

もしこれが一浪していたら、こんな割り切りは当然できなかったはず。現役で、「まあ、一浪してもいいかな」と割り切ったからこそつかんだ合格であり、もし一浪していたら、かえって不合格だったんじゃないかと思っています。

執着《しゅうちゃく》を捨て、割り切ることでかえって結果が出る。あらゆる執着を捨てるように教える仏教も、実はハイパフォーマンスの思考を発揮するための方法論です。

STUDY HACKS! 40

選択と集中

「合格ライン」という明確な目標を設定して、そこへ「最短経路」で行く。そのために、何を切り捨て、何に集中するか。これは、ライフハックのコンセプトの中でも重要なもののひとつだといえます。そこに浮かび上がってくるのが、これまた経営戦略のキーワードでもある**「選択と集中」**です。

この選択と集中をいい換えると、いかに「捨てるか」という判断にもなります。勉強の比喩《ひゆ》でいえば、企業が生き残っていくためにも「ヤマを張る」ことが必要なのです。

捨てることによる一番のメリットは、限られたリソースを一ヵ所に集中することができるということ。この根拠となるのが、二：八の法則とも呼ばれる**「パレートの法則」**と、集中することで多大な効果を上げるという**「ランチェスターの法則」**です。

パレートの法則は、たった二〇％の部分が、実は全体の大部分を生み出しているという法則で、この法則にしたがうならば、**重要な二〇％にリソースを集中させても、**

ランチェスターの法則「確率戦闘の法則」

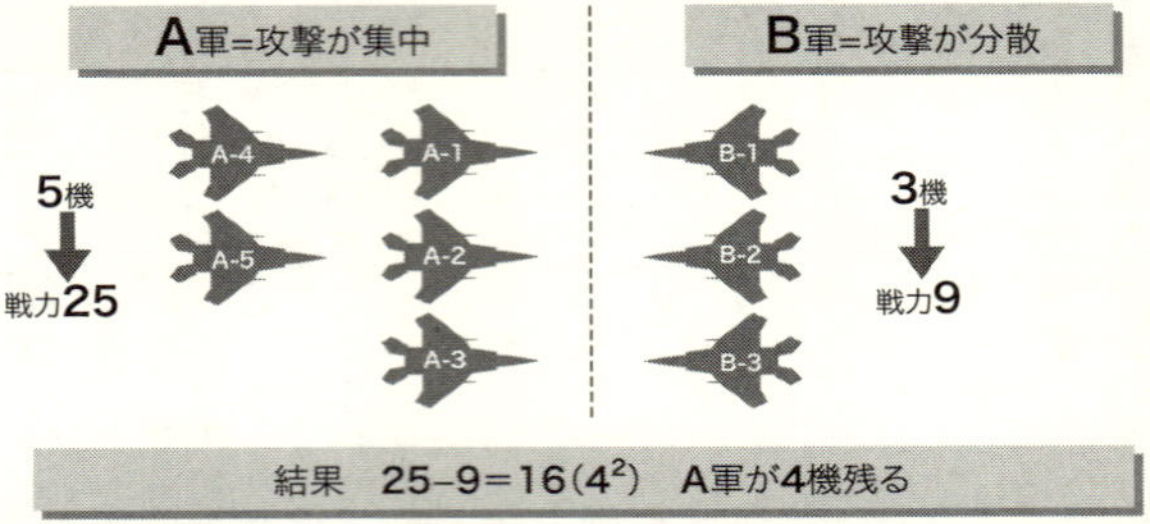

1機で複数の敵を攻撃できると仮定する。A軍は5機分の攻撃力を3機へ集中できる一方、B軍は3機分の攻撃力が5機へと分散することになる。その結果、戦力に2乗の差が生まれる。

それほど問題はないのだということになります。

ポイントは二〇％の見極めで、それがしっかりとできれば、効果の少ない残りの八〇％へのリソースの浪費を抑えることができます。

もうひとつのランチェスターの法則は、航空戦の戦略を組み立てるうえで生まれた法則です。航空機など一機で複数の敵に攻撃できる場合、**小さな兵力の差が、結果として大きな戦果の差**となることを示しています。

たとえば、同等の強さのA軍とB軍が五：三の兵力差で戦った場合、それぞれの戦力が個別に一騎打ちで戦ったのなら、五引く三は二となり、A軍が二残る結果になります。しかし、複数の兵へ攻撃できるという前提で考えると状況は一変します。A、B軍の兵力はそれぞれ二乗の二五：九となり、二五引く九は一六、つまり

A軍は四の兵力を残して、B軍を殲滅《せんめつ》させてしまうのです。B軍を全滅させるのに一機しか戦力を失わないのです。

たった二の兵力の差が、大きな違いになる。これもまた、**戦力を一ヵ所に集中させることの重要性を示している**のです（注30）。

社会人は、時間の多い学生に比べると、時間リソースに関しては圧倒的な弱者です。その弱者が、普通に戦っていたのでは、まったく歯が立ちません。そのために、選択と集中を行う。勉強においても、そうした戦略的な思考が必要なのです。

NOTE

注30　局地的にでも数的優位を作ることで、相手に壊滅的なダメージを与えることができる。弱者が強者に打ち勝つには、局地戦を選択するしかない。「STUDY HACKS! 39 ヤマを張る」というハックを紹介しましたが、この場合のヤマとは、局地戦の別名でもあります。

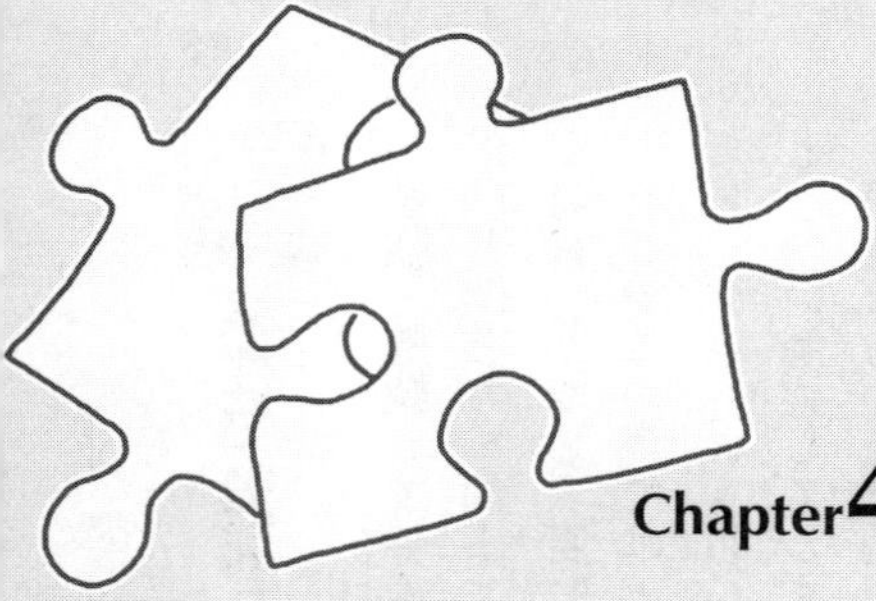

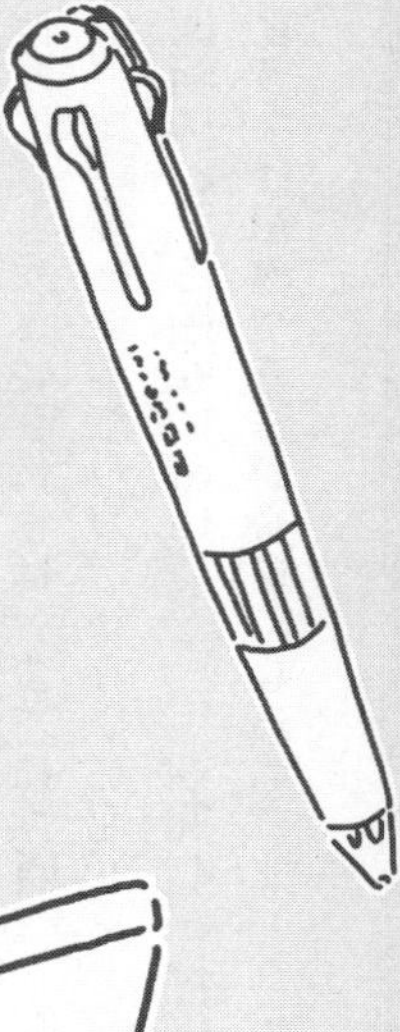

Chapter 4

Title

習慣ハック

Sub Title

愛着と定着

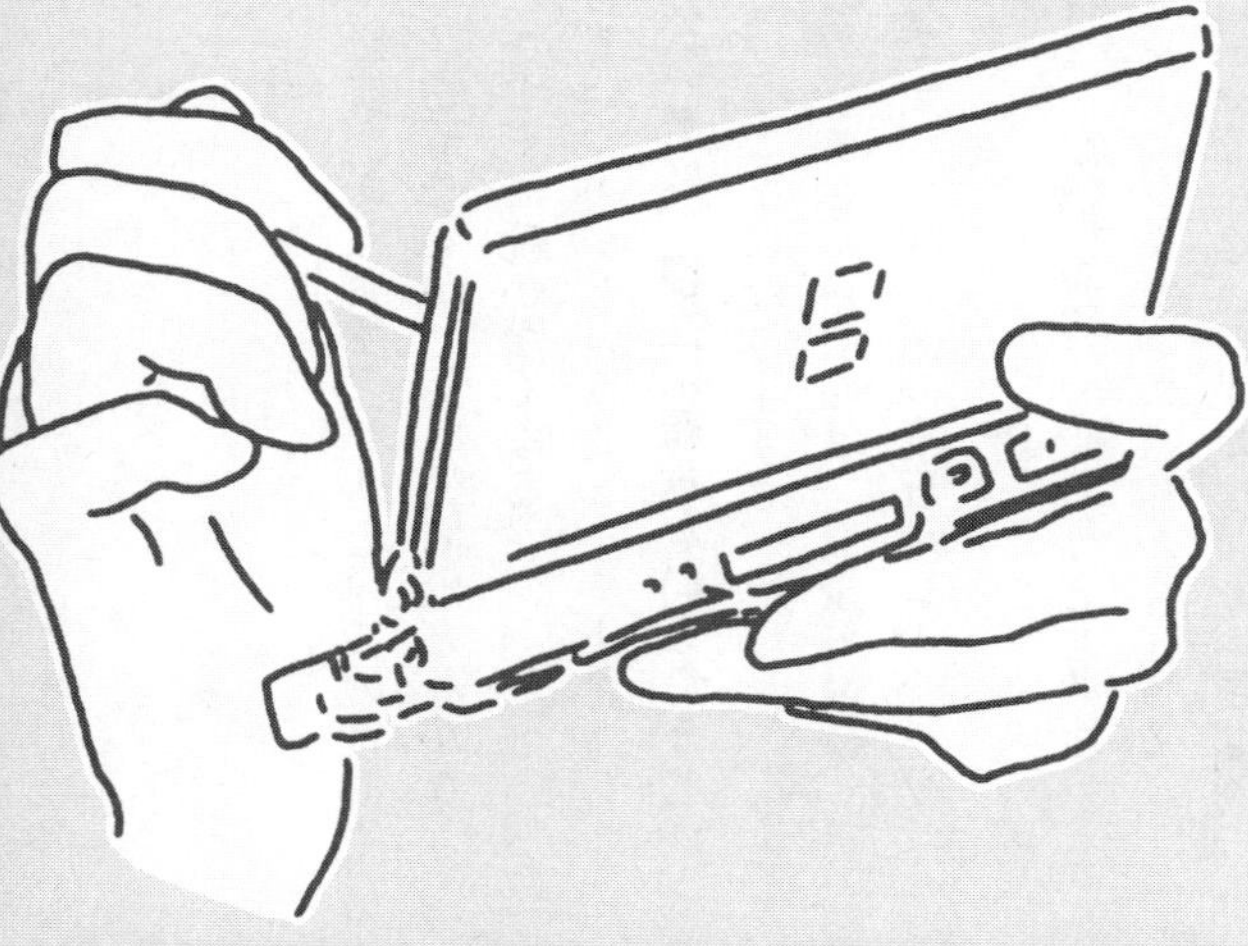

STUDY HACKS! 41

根性で勉強しない

勉強を継続していくためには、習慣化していく必要があります。しかし、この習慣化ほど僕たちを悩ますものはありません。いうのは簡単ですが、よい習慣ほどなかなか身につかない。身についたと思って気を抜くと、すぐに続かなくなる。

そこでこの章では、いかにして勉強を習慣にしていくのかということをテーマとして考えてみたいと思います。このテーマを一言でいえば、**根性に頼らない**ということ。**つい勉強してしまう仕組みを取り入れる**、ということになります。

根性などの精神論ほど、判断を誤《あやま》らせるものはありません。根性は、最後の最後、ゴール手前で発揮《はっき》するのであればその効果は絶大ですが、四二・一九五キロのマラソンを根性だけで走り切ろうとしても無理です。

根性で習慣化しようという試《こころ》みは、まさにマラソンを根性だけで走ろうとするようなものです。長距離を走るための走り方や高地トレーニングなどの方法が存在するように、長期間にわたる勉強においても、短期間しか持続しない根性ではなく、**長期間持続するような仕組みや方法が必要になる**のです。

その仕組みのポイントは、ふたつあります。ひとつは、**モチベーションの発見**。人それぞれ、モチベーションが異なります。「知らないと恥《は》ずかしい」というプライドから勉強する人もいますし、「新しいことをどんどん知りたい」という好奇心から勉強する人もいます。またある人は、「人生での取り組みはすべからく修行であるべき」という修行僧のような精神で勉強します。自分のモチベーションの核が何なのかを理解し、そのうえで、そのモチベーションをうまくくすぐってやる必要があります。

もうひとつは、**勉強が楽しくなるような仕組み**です。アフォーダンスという概念がありますが、これは簡単にいえば、「ついついやってしまう」ということ。たとえば、放置自転車のかごにごみが放り込まれていたら、ついついごみを入れたくなってしまう。エアークッションのプチプチがあると、ついついつぶしたくなってしまう。登山していて手ごろな岩があると、ついつい座りたくなってしまう。これらはすべて、アフォーダンスの結果。対象となるかごやエアークッション、岩が、あなたの行動をアフォード（afford）しているといえるのです。

つまり、あなたがそれをしたいと思う前に、外部の環境が「○○してみたら？」というようなお誘いをしているのです。これは、デザインの分野ではとくに重要な概念で、使い勝手のいい優れたデザインを実現するためには、「人がつい、○○してしまう」というアフォーダンスをうまく組み込む必要があるのです。

つい継続して勉強してしまう仕組みというのは、いい換えると、**勉強をするよう促《うなが》すアフォーダンスにあふれた仕組み**だということができます。ここに勉強の習慣化のポイントがあります。つまり、勉強を習慣化するためには、勉強をアフォードする仕組みをデザインすることが重要なのです。

STUDY HACKS! 42

マイ勉強ボタンを押す

人にはそれぞれ、「勉強したい！」と自然に思ってしまうようなポイントがあります。ここでは**「勉強ボタン」**と呼びたいと思います。

この「勉強ボタン」は実は人それぞれ、場所が異なります。それを、ハーマンモデルを使って分類してみると次のようになります。

①好奇心タイプ：好奇心にしたがって新しい知識を得られたワクワクするような喜

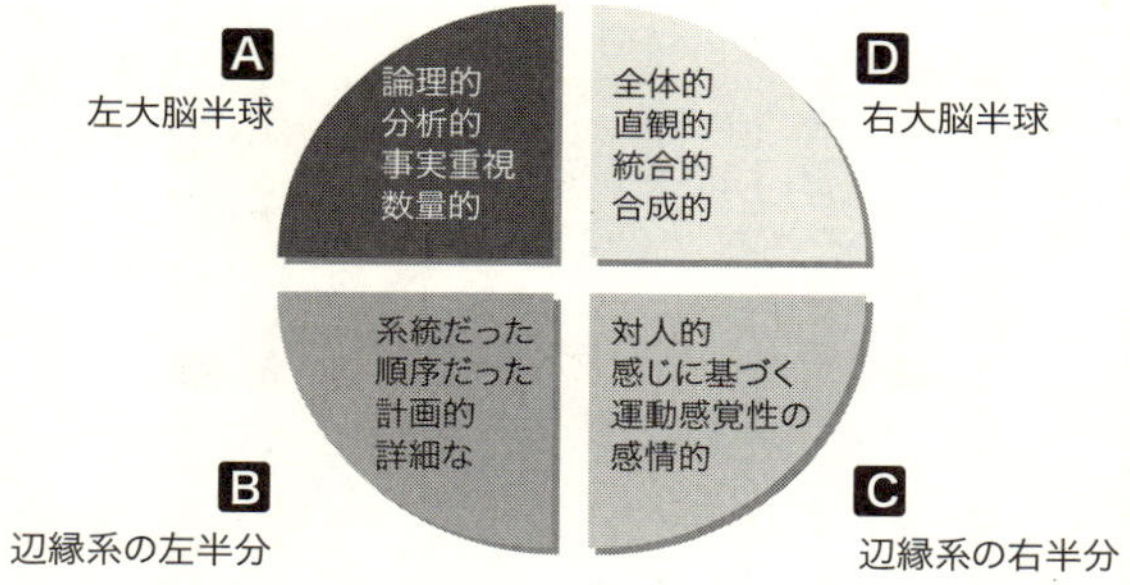

全脳モデル

人の思考のクセを把握するのに便利なハーマンモデル。ここではとくに、モチベーション管理のフレームワークとして活用してみる。

びに満ちあふれている

新しいことが大好き。アイデアを考えるのが得意で、勉強するとさらに新しいアイデアが出てくるのではないかという期待から勉強するタイプ。

勉強している途中で飽《あ》きてしまうのが、大きな障害。「知らないこと」に出会うときの驚きと喜びがモチベーションになる。

マイ勉強ボタンは、新しいアイデアに出会えるかも、という期待。「新しいアイデア」を意識すると勉強が進みます。また、他人に宣言してもやる気が出る。

②理論派タイプ：またひとつ真理を知った自分をうれしく思う一方で、まだまだ知識が足りないと次の勉強に取りかかる

このタイプは、理論を研究する学者のように、ものごとの本質を理解しようとして勉強するタイプ。

勉強の障害となるのは、「この分野を勉強していても真理に近づけないのではないか、本質的なところと関係ないのではないか」という疑問。どんな知識でも本質的につながっているという信念と、一歩一歩真理に近づいているという確信がモチベーションになる。

マイ勉強ボタンは、「真理」。分野を超えた共通点を意識しながら勉強するとはかどります。

③期待にこたえるタイプ：勉強仲間と飲みに行って祝杯をあげたい！　あの人の期待にこたえられてうれしい

感情を大切にするタイプ。人の気持ちを重視するタイプで、勉強は正直苦手。でも人からの期待があるとたんにモチベーションが上がる。勉強仲間を持つというのも重要。勉強仲間と連帯感を持って勉強し、合格後には祝杯をあげることをイメージしながら勉強するとよい。家族のサポートも力になる。

勉強の障害は、飲み会の誘いを断れない気持ちの弱さ。そこはがんばって断る勇気を。

マイ勉強ボタンは、「仲間」や「家族」。合格したときのほかの人の笑顔をイメージしよう。

④ちょっとオタク?タイプ:必要な知識を着実に身につけて、また一歩、山の頂上に近づいた喜びをかみしめる

コツコツ勉強するタイプがこれ。仕事に必要な知識を着実に身につけていく。欠けているものがあったりすると気になってしまい、「やらなきゃ」という義務感から勉強をする。

障害になるのは、完璧主義。資格試験に合格したにもかかわらず、「忘れてしまった知識があるから」とテスト後に復習を始めてしまう。勉強の効率は高くないが、着実に勉強を進めていくので結果的に早く合格できる。

マイ勉強ボタンは、「この勉強は必要不可欠だ」という思い込み。すべてを網羅《もうら》して知りたいというオタク的な知識欲も持っています。

このタイプ分けはあくまで典型的な例であり、それぞれ組み合わせのパターンがあります。自分がどのタイプかを見極めることで、勉強のモチベーションアップ、モチベーション維持に活用してください。

STUDY HACKS! 43

家庭教師ではなくコーチをつける

社会人が勉強するためには、とにかくいろいろな犠牲《ぎせい》を払わないといけません。仕事の時間、家族との時間、自分の趣味の時間。これまで当たり前のように享受《きょうじゅ》していたものを諦めて、勉強に振り分けるわけです。

悪魔が「家族との時間を犠牲にしてまで、勉強しなくたっていいじゃないか」とか、「仕事に集中しろよ。勉強して仕事がおろそかになったら本末転倒《ほんまつてんとう》だぞ」とかささやいて誘惑したとしても、それを振り払えるほどの高いモチベーションを維持する。これは並大抵《なみたいてい》のことではありません。

そこでおすすめしたいのが**コーチをつける**、ということ。「コーチング」という言葉をどこかで聞いたことがあるかと思いますが、コーチというのは、その人が本来持っている強さを一〇〇%引き出すためにサポートする役割。「なぜ勉強するのか」「勉強をすることでどんな自分になっていきたいのか」という**モチベーションを把握《はあく》し**

て、**勉強の意欲を維持できるようにそばにいる。**そんな心強い存在です。

コーチについて説明する前に、家庭教師の役割について少し説明しておきたいと思います。大学時代、家庭教師のアルバイトをしたことがあります。そのときに気づいたのは、よい家庭教師というのは、「魚を与えるのではなく、魚の釣りかたを教える」ということ。つまり、答えを教えるのではなく、勉強の方法を教えるということなのです。

家庭教師といっしょに学ぶことによって、勉強のプロセスが共有でき、勉強する方法が身につけられるということに家庭教師の効果があるのです。

しかし社会人にもなれば、勉強の方法そのものは自分で身につけていくことができます。たとえばこの本を読んで、「この方法をやってみよう」というように、自覚的に方法を取り入れていくことができるわけです。こうなると、受験時代のような家庭教師はもう必要ではありません。

家庭教師からコーチへ。方法からモチベーションへと課題が移っていくわけです。

では実際に、コーチというのはどういうことをするのか。いろいろなやりかたがありますが、そのひとつの例としてこんなプロセスを経ることになります。

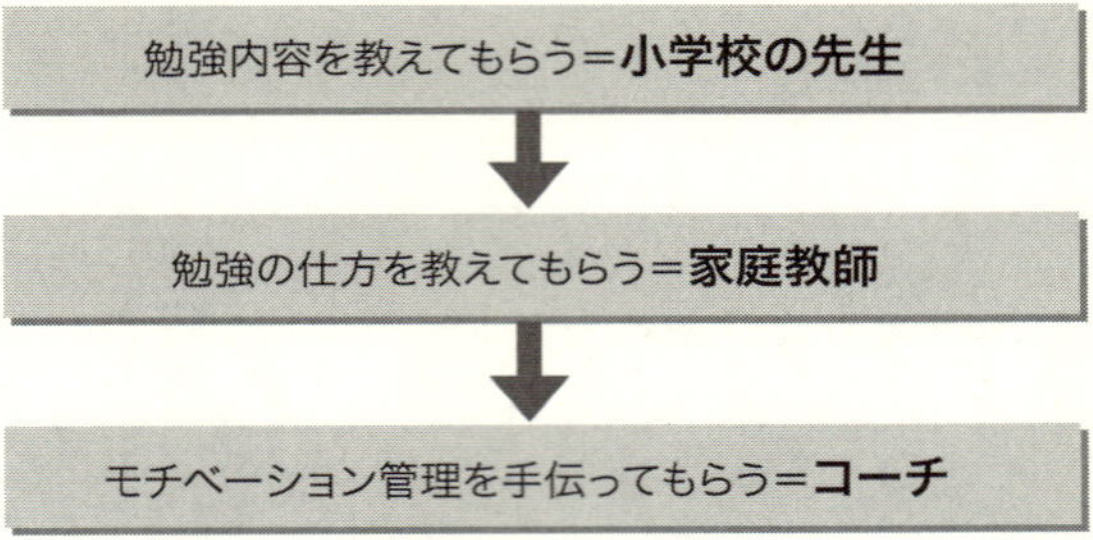

まず、なぜそれを勉強したいと思うのか、その人の「こだわり」や「思い込み」について探っていきます。そうすると、「勉強しないといけない」という思い込みが、実は他人から強制された結果の自発的なものではなかったことがわかったり、別の方法が見つかったりします。思い込みからくる枠組みを一度はずしてみて考える。言葉でいうのは簡単ですが、一人ではなかなかできない。それをコーチといっしょにやってみるわけです。

そのうえで、「やっぱりこれを勉強したい」という選択をしたのなら、今度はそこに表れているその人の価値観をいっしょに探します。これは先ほどのマイ勉強ボタンのときに説明したような、何がモチベーションになっているのかというツボ。これもまた、一人では意外と見えてこない。**コーチの手助けによって、そこがクリアに見えてくる**ということがあります。

そのうえで、勉強の計画を立てていきます。この計画の実行においてもコーチが役立ちます。自分一人ではついつい怠《なま》けてしまうようなことでも、コーチといっしょに計画を立て、決意をすると、不思議と実行できるものです。このように、コーチをつけることで、着実に、そして無理なく勉強を続けることができるのです。

家庭教師からコーチへ。勉強の方法が身についている人であれば、勉強そのものよりも、充実した勉強を支えるモチベーションの部分にお金をかけたほうが効果的なのです。

STUDY HACKS! 44

勉強仲間をつくると途中で挫折しにくい

同じ目標に向かっていっしょに勉強する仲間がいることほど、心強いことはありません。社会人になっても勉強をしようという人は、非常にポジティブでエネルギーにあふれています。

そういう人たちに囲《かこ》まれているだけでも勇気づけられますし、**お互いに刺激し合うことでさらに高い目標を目指すことができます。**また、ちょっと疲れたときや悩みがあるときにも、一人で抱え込まなくて済みます。途中で挫折《ざせつ》しそうになったときも、仲間が励《はげ》ましてくれるはずです。

勉強仲間とのやりとりには、第一章の「ツールハック」でも紹介したFacebookが一番おすすめです。Facebookでやりとりしていると、「勉強しているのは自分だけではない」という気持ちになります。とくに長期戦となるような資格試験では、気持ちが落ち着いて重宝《ちょうほう》します。

勉強というのは実は、人脈を広げる大きなチャンスでもあります。具体的には、第七章キャリアハック「STUDY HACKS! 84　勉強で広げる人脈術」で紹介しますが、利害関係のない濃い人間関係は、勉強を通じてつくられることが多いのです。

STUDY HACKS! 45 ツイッターで進捗を報告する

勉強が進んできたら、今度はある程度、多数の人への進捗《しんちょく》報告をしていきましょう。おすすめはツイッターです。

ツイッターはFacebookと違い、誰でもその発言を見ることができますし、「ツイートを非公開」にさえしなければ、誰でも自由にフォローすることができます。つまり、Facebookよりも多くの人に開かれたツールだといえます。
そのツイッターで宣言をするということは、ある意味、世界中に向かって宣言するのと同じで、よい意味でプレッシャーになります。

まず、どういう勉強をしているのか、つぶやきましょう。「最近、簿記の勉強をしています！」というつぶやきから始めるのです。そして、一週間の勉強時間や問題集の数など、こなしていく勉強量を発表します。こうした宣言をすることで、自分自身にプレッシャーをかけるのです。

そして、もし可能であれば、その勉強を確実に実行するために「やらないこと」「やめること」を約束します（注31）。『TIME HACKS!』でも紹介したNot To Doリストです。

たとえば、これまで週に三回、友達と遊びに行っていたなら、それを週一回にする、というような約束です。

この種類の約束は、自分一人の心の中でやっていると、簡単に破ってしまいます。けれど、一度思い切って

NOTE

注31　こうした一連のプロセスは、CTIの教える「プロセス・コーチング」という手法になります。あまりにやることが多いと人はやる気を失ってしまう。これから新しいことをやろうというときにはとくに、「かわりにやめること」をはっきりさせておくことが重要です。

公開してしまうと、実行への強制力が格段に上がります。少しでも約束を破れば、「あれ？　遊ぶのしばらくやめるんじゃないの？」「お酒はビール一杯だけって、ブログに書いてあったはずだけど？」と他人からの厳しいツッコミが待っています。

そしてそのあとは、毎日必ず、その日の勉強時間や勉強の内容、ページ数をつぶやいていきます。ツイッターはリアルタイムに時間を共有できるツールなので、勉強に取り掛かったら「勉強を始めました」、勉強が終わったら「ようやく終わり！」といった具合に、勉強の状況をどんどん、つぶやいていくといいでしょう。

こうして他人に報告することにより自分自身で振り返り、進捗を見ながらその後の計画を立てる。そこに**自分自身へのフィードバック効果が期待できる**のです。

STUDY HACKS! 46 極上のスイーツを食べる

人は誰でも、ほめられたいもの。ほめられていやな気持ちになる人はいません。しかし、子ども時代とは違って大人になると、注意されることはあっても、ほめられるということがほとんどなくなってしまいます。じゃあ、自分で自分をほめようというのがこのハック。

僕の場合、甘いものが好きなので、勉強がはかどったときにはいつも、おいしいスイーツを食べる約束事にしています。自分へのご褒美《ほうび》ですね。分厚いテキストを閉じて、気持ちを切り替えてデザートを注文する。最初の一口目で口いっぱいに広がる甘さが、勉強の疲れを吹き飛ばしてしまいます。こんな**小さなご褒美も、勉強へのモチベーションにつながります**。

それが決まり事になってきたら、今度は、「勉強をしに行く」という言葉を「スイーツを食べに行く」というふうにいい換えるようにします。仕事が終わって疲れているとき、それでも勉強をしなければならないときに、「勉強をしに行く」と思うのか、それとも「スイーツを食べに行く」と思うのかで、心理的なハードルの高さがまるっきり異なります。

もちろん食べる前に勉強しなければならないのですが、それでもそうした**ご褒美とセットになっているかどうかで、モチベーションが大きく変わる**のです。ちなみに、お金よりも、より原始的な飲食関連のほうがより効果的である気がしています。

ともかく、自分で自分をほめる。ちょっとした工夫ですが、**「ほめられたい」という人間の根源的な欲求に根ざしているだけに、効果は絶大**です。

STUDY HACKS! 47

ゲーム機は電源を切って箱に入れる

受験をしていたころは、トイレに英単語を貼《は》っておくようなことをやっていた人もいたと思います。それで英単語を覚えられるというよりも、トイレに入るたびに「勉強しよう」という気持ちを思い返すことができたというのがよかったのだと思います。

社会人になっても、たとえば**机の上にテキストを置いておく**だけでも、気持ちが引き締まります。思いついたときにすぐテキストを取り出すことができ、いつでも勉強モードに入ることができるだけでなく、勉強のことを思い出して、勉強を続けようという気持ちを奮《ふる》い立たせる効果があります。

逆に、「やらないこと」に対しては、敷居《しきい》を高くしてなかなかできないようにしておくことも重要です。

たとえば、ついついゲームをしてしまうという人なら、たとえばそのゲーム機の電源を抜いてしまっておく。電池を放電させて充電しないとゲームできないようにしておく。そのうえで、梱包《こんぽう》箱に入れてしまう。そうすると、「わざわざ箱から取り出して、AVラックの裏に手を伸ばして電源コードを入れてまでゲームはしたくないな」とか「充電するのを待ってまでゲームをしなくてもいいかな」などといった気持ちにさせられるのです。

ほんの小さなハードルでも、やる気をなくさせるのには、意外と効果を発揮。「やらないぞ！」という決意を持続させることができます。

STUDY HACKS! 48 五年後の自分の姿に名前をつける

勉強の仕組み化がどうしてもできないという人もいます。相談を受けていろいろ聞いてみると、そもそもその勉強をしていくことでどういうふうになりたいのか、目的が不明瞭《ふめいりょう》なことが多い。

そんなときは思い切って、「本当に勉強したほうがいいんでしょうかね？」と聞いてみると、「うーん、どうなんでしょう……」とますます意気消沈《いきしょうちん》していきます。そして結局、義務感から勉強していることが見えてくる。たとえていうなら、レンガを積み上げないといけないからレンガを積み上げていて、肝心の、それがどんな家になるのかが見えていないわけです。

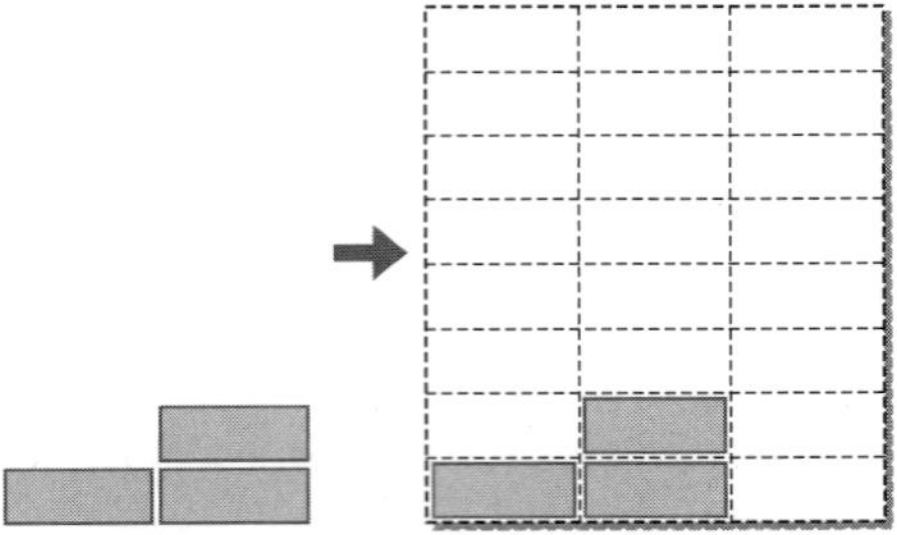

できあがりのイメージを持つことで、一瞬一瞬の勉強がとても有意義なものに感じられる。全体像を意識することで、まるでジグソーパズルを埋《う》めていくと見えてくる像のように、勉強すればするほど自分の将来像も徐々にクリアになってくるのがわかります。

そういうときは、**五年後の自分の姿を想像**してもらいます。もちろん、資格なり勉強をやり遂《と》げたことが前提になります。合格したときの感激から、資格を持ったときの周りからのまなざし、仕事の変化などをできるだけ具体的に感じていくと、ある瞬間にスッと腑《ふ》に落ちる瞬間がきます。そうか、こんな家をつくるために、今、レンガを積んでいるんだ、という発見です。

ここからさらに**その姿に、名前をつけてやる**といつでも思い出せるようになるので、より効果的。僕の場合、今やっていることの先には、「デザイナー」というキーワードがあります。

ライフハックに取り組んでいるのは、ライフスタイルをデザインするためであることは先ほど述べました。ライフハックの適用範囲を広げながら、最終的には「デザイン」というテーマに溶け込ませていきたいと思っているのです。コーチとして人の人生にかかわっているのも、ライフスタイルをデザインに――という大きなテーマがあるからなのです。

経験や体験、人生やライフスタイルなど、目に見えないものをどうやってデザインしていくか。今、現状のまま、「デザイナー」を名乗ったとしても笑われるだけかもしれませんが、五年後には「デザイナー」と名乗っても納得されるようなキャリアを積み、スキルを身につけていきたい。そういう将来像をイメージしています。

そうするとどういうことが起きるか。たとえば現在、色彩検定を受けて色に関する知識を身につけていることは、ものすごく重要なことに感じられてくるわけです。色彩の知識そのものは小さな「レンガ」のひとつでしかないかもしれません。しかし、それでできあがる五年後の「建物」は、自分自身にとってとても大きな意味を持っています。

レンガを積み上げることを仕組み化していくためにも、家をイメージして、その家に名前をつけてみる。簡単なことですが、五年後の風景を思い描くたびに心地よい高揚感に包まれます。

STUDY HACKS! 49 最先端の研究を学ぶ

どんな分野でも、最先端の研究があります。あなたがせっかくその分野の勉強を始めたのなら、ぜひ**最先端の研究をのぞいてみることをおすすめ**します。勉強をし始めのころでも、ある程度の専門用語を学んだあとであれば、最先端の研究であっても意外と理解できるはずです。そのときの気分ときたら、なかなかのものです。

ここで、「楽しい！」という気持ちが芽生《めば》えたらしめたもの。そこには、その分野への「オタク道」への入り口があるはずです。基本的な勉強ももちろん続けながら、興味に応じて、専門書を購入して読んでみたり、専門誌を定期購読してもよいでしょう。

個人的に、この楽しさを知った最初の記憶が、「地球大紀行」というＮＨＫのテレビ番組でした。まだ小学六年生だったのですが、この番組にずいぶんのめり込んで、この番組をテーマにした大学教授の講演を聞きに行ったりしました。

当然、小学六年生には難しい内容でしたが、そのときに感じたときめきは、今でも覚えています。子どもなのに難しい内容を知ろうとしている、どこか誇《ほこ》らしげな気持ちがありました。

社会人になって中小企業診断士の勉強をしているときには、教科書で紹介される古典的な経営書を読むようにしていました。それは試験勉強という面では、必ずしもプラスのものにはならないのですが、本を読むことによって、モチベーションアップにつながりました。

というのも、経営学という学問が成立するために、過去、さまざまな人によって重ねられてきた研究がわかってくるので、おのずと先人への敬意や勉強内容への愛着のような気持ちが湧《わ》いてくるからです。経営学についてはとくに、ドラッカーの本に親しみました。

試験に合格するという目的のためだけに、ただがむしゃらに勉強するよりも、道草して知識を深めたほうが、かえって勉強意欲が掻《か》き立てられる。勉強は効率も重要ですが、より重要なものは、進んでその勉強をしたくなるようなモチベーションの維持。そのひとつの方法として、**先端研究やルーツをたどって、オタク心を刺激してやる**わけです。

STUDY HACKS! 50

昨日の自分に勝つ

五年後の自分をイメージしたり、最先端の研究に触れたりしていると、一方で遅々として進まない勉強に、うんざりすることもあるかもしれません。そうしたときには、「昨日の自分に勝つ」ことを考えるといいでしょう。

ギターの練習を始めて二年ほど経つのですが、楽器をやり始めたときには、うまく弾《ひ》けない自分に嫌気《いやけ》がさしてばかりでした。音楽を聴けば、流れるようなギターソロが聞こえてくるし、ライブに行くと、圧倒的なギターパフォーマンスを目の当《まあ》たりにします。それに比べれば、自分の演奏の酷《ひど》さは耐えがたいものです。

それでも、ギターを続けられるのは、**昨日よりは今日、少しだけうまくなっているという実感があるから**です。理想には程遠いけれど、昨日から比べれば、ちょっとだけ指が動くようになっている。そうした小さな上達を実感できるからこそ、練習が続けられるのです。

試験ハックの中で、何度も問題集を繰り返す、というハックを紹介しましたが、この繰り返しの中で、昨日よりも正答率が上がっていくところに、モチベーション維持の秘密があります。アウトプット主導という勉強スタイルが機能するのは、そのアウトプットの変化によって自分の上達というフィードバックを受けられるからなんですよね。

STUDY HACKS! 51

自然と勉強が進むレコーディング勉強術

最近、活動量計をつけて、日々の活動量を計測するようにしたのですが、この効果に驚いています。活動量を「見える化」することによって、もっと運動しようというモチベーションが、自然と高まっていくのです。

たとえば、一日八〇〇〇歩を目標にしているのですが、帰宅の電車の中でこれが七〇〇〇歩だったりすると、一駅前で降りて自宅まで歩いて、ちゃんと八〇〇〇歩を達成しようという気持ちが湧いてきます。ただでさえ疲れの溜《た》まっている一日の終わりに、もし活動量計をつけていなければ、そんな気持ちになることはけっしてありません。

勉強も同様です。**勉強した量を「見える化」することは非常に重要です。**一日に達成すべき基準を設《もう》けて、それをクリアしたかどうか一日の最後に振り返るだけでも、効果があります。

僕の場合、英語のリスニングの時間を、聞き流しているものも含めて一日二時間というノルマを決めています（第六章「語学ハック」でも触れますが、年間五〇〇時間のリスニングを目標としています）。あと一時間ということであれば、海外ドラマを一話分、まったくクリアできていないときには、映画を一本観て、ノルマをクリアすることもあります。

自分自身の成長を感じ取ることができる内容であれば、成長そのものがモチベーションになって続きます。しかし運動や英語など、なかなか自分の成長を実感しにくいものについては、トレーニングしたことそのものを「ほめる」ことが重要です。

実はこれは、子育てにも通じる話です。

子どもはほめて育てよ、とよくいわれますが、そのほめかたも一歩間違えれば、マイナスになります。たとえば、テストの成績をほめられて育てられた子どもは、よい点の取れる、簡単なテストにしか取り組まないようになってしまうそうです。難しいテストにトライして点数が悪くなるとほめられない、ということを知ってしまうからです。

一方、テストの結果ではなく、**勉強したプロセスをほめられた子どもは、ちゃんと難しい問題にも取り組むようになる**そうです。その問題が解けたかどうかよりも、難問に粘《ねば》り強く取り組んだことそのものがほめられると理解した子どもは、苦労を厭《いと》わなくなるのです。

先ほど紹介した「SYUDY HACKS! 50　昨日の自分に勝つ」というハックと同時に、昨日の自分と比べて勝ち負けが見えないものについては、勉強量を「見える化」して、勉強のプロセスについて自分で自分をほめてやることが、粘り強く学習を続けるためにも重要なのです。

STUDY HACKS! 52 勉強でアハ！体験する

こうして勉強をし続けると、自然と勉強が進む、新しい段階へとレベルが上がります。自分を勉強へと動機づけなくても、自然と勉強したくなる。勉強していないと落ち着かない、というくらいの状態になります。

そしてこの状態になると、不思議なことに、次から次へと勉強したい内容が見えてきます。「勉強中毒」といういいかたがぴったりくるような状態。この状態は徐々にやってくるというより、ある瞬間、まるで段位が上がったり帯《おび》の色が変わったりするように、はっきりとわかります。

これは読書で考えてみると、わかりやすいと思います。読書が習慣化すると、今度は読書をしていないと落ち着かなくなる。次から次へと読みたい本が出てきて、好きな著者が見つかると、寝る時間も惜《お》しんで読破していくようになる。**勉強中毒と読書中毒とは、その仕組みにおいて、ほとんど同じ**です。

勉強も読書も、その楽しみの中心には、新しい発見をしたときの喜びがあります。はやりの言葉でいえば「**アハ！体験**」。今まで何も見えなかった無意味な図から、あるとき絵が浮かび上がってくる。そのとき走る脳の快感。マンガでいえば豆電球にパッと電気がつく感じです。このとき、脳の中ではアドレナリンが放出されます。

学ぶ知識というのは、ある段階までは、無意味な点と線。全体像も見えず、なぜこれを学んでいるのかわからないような状態です。でも、その先には必ず、「アハ！体験」が待ち受けている。勉強を続けていると、そのことが体験的にわかってくる。

脳が快感を求めて勉強が進むわけです。

しかも、知識体系というのは、異分野の間でゆるやかにつながっています。本でいえば、ある小説に出てきた主人公が、別の小説では脇役で登場して話を盛り上げるような感じです。手塚治虫《てづかおさむ》の漫画では、お茶の水博士が、別の漫画になると別の姿で別の役割を果たしますが、それと似たような感覚かもしれません。そうした発見がまた、脳の快感につながるのです。

これをさらに突き進めると、この時代ならではの共通のテーマに突き当たる。近年でいえば、「複雑系」というコンセプト。これが、多くの人の知的興奮を喚起《かんき》したのは、科学から哲学、経済学などを横断する、まるで「隠し絵」のようなものだったからです。

ちなみに、このライフハックが流行しているのも実は、仕事の複雑性が増していることと無縁ではなく、仕事の「複雑系」に対処するための知恵として、「シンプルにサクッと対処する」ことが求められてきているという背景があります。そういうことに気づき始めると、あらゆることがテーマとつながっていく。**勉強のスピードもギアを切り替えたように加速し始める**のです。

STUDY HACKS!
53
愛着と定着

趣味のことになると、人からいわれなくても勉強するという人は多いと思います。オタク的知識を身につけることは、その人にとって苦痛どころか、喜びですらある。そんなふうに勉強できたら……と思うのだけど、なかなかそんなふうにはいきません。

でも、そもそもなぜ、自発的な趣味と強制的な勉強とに分かれてしまったのでしょうか？ そのヒントが、ロボットなどの機械に学習させるときに使われる学習のふたつのスタイル、**「強化学習」**と**「教師あり学習」**にありそうです。

「強化学習」というのは、あることをアウトプットすると環境から報酬を与えられることによって学んでいく方法です。より多くの報酬を得られるように行動することで、学びがどんどん加速していきます。

一方、「教師あり学習」は、最初から正しい答えが用意されているような学習です。アウトプットと正しい答えを比較して、正しい答えに近づけていこうとするもの。この場合、正しい答えがはじめからわかっていることが前提になります。

趣味で発揮される学習というのは、強化学習。あることがらを覚えると、周りから「すごいな」といわれ、ほめられることが報酬となってさらに勉強が加速する。自信もついてきて、その分野をより深く知りたいという欲求も出てくる。

そしてそのうち、知ることそのものが報酬になってくる。「なるほど！」と思うたびに脳の中でアドレナリンが放出される。こうして、**学習意欲と報酬の間にポジティブなフィードバックが働く**ようになる。これが強化学習のすごさです。ここで働いている、知りたいという好奇心に基づく動機づけは、**内発的動機づけ**と呼ばれます。

一方の学校の勉強は、教師あり学習です。これには強化学習のような高揚感はありません。あらかじめ答えのある問題を解いて、自分の解答が正解なのかどうかを確かめるというプロセスには、**強化学習にあるようなわくわくした気持ちはありません**。

教師あり学習で達成感を感じさせるためには、何らかの報酬を設定する必要があります。子どもに勉強させるために「点数が上がったらおこづかいを増やす」などといってモチベーションを上げるのは、その例。これは、**外発的動機づけ**と呼ばれるものになります。

強化学習と教師あり学習にはさらに大きな違いがあります。それは、教師あり学習

	教師あり学習	強化学習
答え	あり	なし
報酬	おこづかいなどの外部的なもの	勉強そのものがご褒美
勉強をさせるための方法	強制もしくは半強制的な方法	自ら率先して勉強
高揚感	なし	圧倒的
新しい発見	なし	未踏の地へ踏み込み、発見する

では「正しい答えがわかっている」ということが前提になっているのに対し、強化学習は答えがわからなくても学んでいくことができる、という点です。

そしてご存じの通り、ビジネスの世界は、正しい答えのない世界。そういう世界で、教師あり学習を求めても、できないのです。強化学習は、いい換えれば、**未《み》踏《とう》の荒野を突き進むための学習スタイル**でもあるわけです。

新入社員が入ってきてよく見る風景があります。「どうすればいいんですか？」と質問してきて、上司に「そんなの自分で考えろ！」と怒られる場面。しかし、新入社員には悪気はありません。彼らはそれまで、教師あり学習をやってきたわけで、正しい答えがなければ仕事ができないと思うのは、ごく自然なことなのです。

しかし、そういう態度で仕事を続けていくと、たちまち行きづまります。ひとつは、正しい答えを与えてもらえないフラストレーションにイライラするというケース。そしてもうひとつが、教師あり学習そのものには報酬を受け取るプロセスがないために、外発的動機づけばかり求めるようになるケース。

自発的に勉強しない社員に限って、昇給にこだわり、ほんの小さな給与の差で転職を決めていく。そこに、未来はあるのでしょうか？ 少なくとも、強化学習にあるような荒野を進む力強さなど、期待することはできません。

コーチングでは、その人の価値観を探し出し、何に対して意欲的に取り組めるのかということを、いっしょに探していきます。それは、**強化学習のポジティブなスパイラルに入っていくためのキーであり、「マイ勉強ボタン」**なのです。

『STUDY HACKS!』でポイントとなるのは、このような自分の価値観に寄《よ》り添《そ》った強化学習。これをキーワード的にいい換えて、**「愛着と定着」**と呼んでみたいと思います。「愛着」の湧く勉強。それによって血肉となって知識が「定着」していく。そうした、感情豊かな営《いとな》みとして、勉強を捉え直したいと思います。

Chapter 5

Title

環境ハック

Sub Title

身体と環境

STUDY HACKS! 54

シータ波の効能

もし、才能があって勉強のツールが揃《そろ》っていたとしても、環境次第で人は勉強に集中できません。逆に、勉強に適した環境さえ揃っていれば、多少の能力の差やツールの有り無しに関係なく、どんな人でも勉強に没頭《ぼっとう》できます。

つまり、勉強に集中できるかどうかは、実はあなた自身の問題ではなく、あなたを取り囲む環境の問題だといえるのです。真剣に勉強をしようと思うのなら、まず勉強に適した環境を整える必要があります。これを、**「勉強の環境問題」**と呼びたいと思います。

この環境問題ですが、騒音など、集中力を阻害《そがい》するようなマイナス要因を取り除くということもありますが、ここではさらに、どうすれば脳がより活発に働くようになるのか、そのプラスの要因を探ってみたいと思います。

ここでキーワードとなるのが、**シータ波**という脳波。脳波を見ていくと、人間の脳が、どのような環境で一番力を発揮《はっき》するのかわかるのです。

シータ波は、脳が情報収集をしているときに出る脳波。ラットの実験では、ラットを、様子のよくわからない新しいかごに入れてやると、このシータ波がたくさん出ることがわかっています。これは、知らない場所がどんなところなのかを知ろうとするため、脳が情報収集をしていることを示しています。

シータ波は、一定のリズムで何度か発生したあと、ある瞬間にまとまって発生します。これは、一定リズムで情報収集したあとに、集めた情報をまとめて整理しているのではないかといわれています（注32）。

実はこの**「知らない場所」**という要素が重要です。知らない場所に放り込まれるということはつまり、生物にとっては生命の危機を意味しています。一刻も早く情報を集めて安全な場所を見つけなければ、敵に襲《おそ》われて殺されてしまうかもしれない、いわばスクランブル状態です。その**危機感が脳にシータ波を発生させ、情報収集させる**のです。

このシータ波を勉強に応用するとどうなるでしょうか？　たとえば、知らない場所を訪れてみると、ラット

NOTE

注32　『脳はなにかと言い訳する』（池谷裕二《いけがやゆうじ》著、祥伝社）に詳しい。池谷裕二氏は、脳と勉強に関連させた本を多数書いており、いずれも参考になります。中でも『だれでも天才になれる脳の仕組みと科学的勉強法』（ライオン社）はコンパクトにまとまっていて、わかりやすいです。

と同様、シータ波が出る。そしてそのとき脳は、情報収集モードに入る。もし、そのモードを維持したまま勉強をすれば、脳は自然と情報を取り込んでくれるはずです。つまり、**勉強するためにはまず、自分を「知らない場所」に放り込んでみることがポイント**となるわけです。

では、このシータ波というキーワードを手がかりに、勉強をするための環境ハックを見ていきましょう。

STUDY HACKS! 55 夜の散歩でリスニング暗記

シータ波を出すために知らない場所に行くといっても、普段の生活の中で本当に知らない場所に行くというのは、なかなかできることではありません。しかし、実は身近に「知らない場所」をつくり出す簡単なハックがあるのです。それが「夜道ハック」です。

夜道は、昼間と違って歩いている人も少なく、ちょっとした危険を感じる刺激的な環境です。同じ場所でも、昼間に見ている風景とまったく変わってしまいます。それまではアットホームで平和な雰囲気《ふんいき》の町並みが、とたんに怪《あや》しい雰囲気に包まれる。

夜道も使いようによっては、最高の勉強環境になる。この発想の転換こそ、ハックの楽しさ。

夜道こそ、緊張感漂《ただよ》う「知らない場所」の創出法なのです。

僕自身、MBA留学する直前、英語のリスニングの勉強には、夜道をよく利用しました。iPodを聞きながら一時間くらい夜道を歩いてリスニングトレーニングするのです。

このときの集中力は、昼間に聞いているときの集中力とは比較になりません。緊張感も持続しますし、さらに静かな夜の街では、じゃまとなる雑音も少ないので、よりいっそう神経が研《と》ぎ澄《す》まされていきます。

これを名づけて、**「シータ波ラク耳勉強法」**。ラク耳勉強法のプレミアムバージョンです。僕の経験上、とくに英語のリスニングには絶大な効果を上げました。

英語の学習法については、詳しくは第六章「語学ハック」に譲《ゆず》りたいと思いますが、ここでは危機感のもたらす学習速度の加速度についてだけ、触れておきたいと思います。語学のポイントとして、「現地に住んで勉強するのが一番早い」といういいかたをしたりもしますが、これもまた、シータ波が関連していると思われます。

言葉の通じない場所に放り込まれることによる**危機感がきっかけとなって、脳が必死に言語習得を始める。**あるときには文字通り生命の危機を感じるような環境で、いやおうなく現地の言葉を覚えていくのです。

逆に、海外にいても安全な場所でゆっくりしていると、言葉はなかなか習得できません。せっかく海外留学をしても日本人に囲《かこ》まれた環境にいると、語学の上達は遅れます。「英語を習得しなければ」という危機感が希薄《きはく》になってしまうからです。

逆にいえば、もし危機感がポイントだとすれば、わざわざ海外に行く必要もありません。身近な海外、それが夜道だったのです。

このように、身近な環境であっても時間帯を変えてやるだけで、勉強が促進される特別な場所に変化する。簡単な方法ですが、その原理が「生命の危機を回避する」という原始的な欲求であるがゆえに、絶大な効果を発揮する。この一連の環境ハックをいい換えれば、**「頭だけで行う勉強」**から**「体全体の感覚を総動員して行う勉強」へのパラダイムシフト**なのです。

STUDY HACKS! 56

喫茶店を勉強部屋にする

さて、シータ波が出るような危機感が重要だとすると、逆にいえば、安心できる場所は勉強に向いていないことになります。たとえば、安心してゆったりできる自分の家の勉強部屋は、この点で、非常に勉強しにくい環境なのです。

部屋で勉強しようとして、ついついベッドに転《ころ》がって寝てしまったという人も多いと思いますが、それはまさに環境がそうさせているのです。

家の勉強部屋では勉強しにくいとしたら、どこで勉強すればいいでしょうか？　定番ですが、**おすすめなのが喫茶店**です。

大学受験のとき、僕はいつも駅前のミスタードーナツで勉強をしていました。コーヒーをおかわりしながら（注33）、終電直前まで勉強をするのですが、家であればすぐ居眠りしてしまうところを、公共の場ということもあって緊張感を維持しながら勉強できました。また駅前なので人の出入りもある。「うるさい」と思う人もいるかもしれませんが、**いつも知らない人が出入りしているという緊張感は、かえってシータ**

波の誘発にはプラスに働きました。

しかし、同じ喫茶店にあまり長く居続けるのはよくありません。環境に慣れてしまい、緊張感が失われてしまうからです。ちょっと集中力が切れてしまったら別の喫茶店に移って気分を変える必要があります。

僕の場合、喫茶店は何種類か確保しています。

ひとつは、気軽に使えるファーストフード店やチェーンの喫茶店。とくに、完全分煙化を進めているモスバーガーの利用率が高いです。明るい店舗づくりが気に入っているカフェ・ド・クリエもよく利用しています。

もうひとつは、雰囲気のいい落ち着いた喫茶店。渋谷の茶亭「羽《は》當《とう》」（注34）がそうです。ただ、人気の喫茶店なので、できるだけ人の少ない休日の午前中などに行くようにしています。

また、ファミリーレストランも活用しています。喫茶店で集中力が切れたときにはファミリーレストランに行

NOTE

注33　そのうち、何もいわなくてもおかわりを注《つ》いでくれるようになりました。あまり飲みすぎると夜眠れなくなるので注意。

注34　茶亭「羽當」は、若者であふれる渋谷駅近くというのに、それを感じさせない雰囲気。季節に合わせて変わるフラワーアレンジメントも見所です。

き、気分を変えています。ドリンクバーの充実したファミリーレストランも増えてきて、とくにハーブティーのチョイスが増えているのはうれしい限り。

あとで触れますが、飲み物にも勉強に効くものとそうでないものがあるんです（注35）。

ちなみに、この緊張感はけっして、「あせる」ということではありません。シータ波というのは、眠りに落ちる直前に出るような脳波で、むしろ落ち着いた冷静な脳の状態です。あせりの感情から興奮状態になって勉強するというのとは対極にある状態なのです。もしかしたら、「開き直り」というほうが表現が近いかもしれません（注36）。

緊張感のある場所に自分自身を放り込んで、開き直って勉強をする。それが、シータ波を活用した喫茶店勉強法のポイントなのです。

NOTE

注35　詳しくは、このあと紹介する「STUDY HACKS! 60　勉強に効くハーブティー」をご覧ください。

注36　本当に手に負《お》えないようなトラブルがあると、人は開き直ります。それがかえっていい結果を生む。これもまた、シータ波による脳の働きが関係しているのではないかと思います。どんどん開き直りましょう。

STUDY HACKS! 57

自習室を借りて勉強する

緊張感を持つという意味では、**同じように必死で勉強している人たちといっしょに勉強するのも効果的**です。

「自習室」と呼ばれるサービスをご存じでしょうか？　勉強用の座席を時間単位で借りて勉強するという、勉強専用の漫画喫茶という感じです。

もともとは、司法試験や公務員試験などに向けて勉強する人のために始められたサービスのようで、ひりひりするような緊張感があります。漫画喫茶に比べて、机やいすがしっかりしているので勉強にも集中できますし、なにより真剣に勉強している人たちが集まっているオーラに囲まれていると、自然と勉強に意識が向くから不思議です。

これについては、脳のミラーニューロンが関連しているという話もあります。ミラーニューロンというのは、他人が行っている行動について、無意識のうちに自分も同じ行動をしているかのように脳の中のニューロンが反応することをいいます。

たとえば、誰かがおいしい食事を食べているのを見ると、まるで自分も食べている

落ちついた雰囲気のカフェテリア。東京タワーの夜景を見ながらの勉強は、気分がいい。照明も心地よく、「STUDY HACKS! 62　部屋の照明を落とす」でも紹介するように、勉強しやすい環境になっている。

かのように脳が反応するのです。料理番組で、おいしそうな料理を食べているのを見ると、無性に食べたくなるのも、このミラーニューロンの働き。

勉強も同様で、周りが真剣に勉強していると、ニューロンが無意識のうちに、真剣に勉強しているかのような反応をし始める。**真剣に勉強したいのなら、真剣に勉強している人といっしょにいることが重要**なのです。

この自習室、席を月極で借りるタイプと、時間単位で入室し、席はそのつど変わるタイプとがあります。前者であれば自分以外の人が使わないので、いつでも確実に勉強できたり、荷物を置いておけるなどのメリットがあります。Googleで「自習室」と入力して検索すると、各地の自習室を紹介するサイトが出てきますので、住んでいる場所や職場の近くなどを調べてみるといいでしょう。

また、自習室ではないのですが、個人的によく利用しているのが、六本木ヒルズにある会員制図書館アカデミーヒルズ六本木ライブラリー（注37）。朝は早く七時から、夜は二四時まで開いているため、仕事の忙《いそが》しい人でも利用しやすいのがうれしいですね。

また、私語のできない自習室とは違い、話をしたり飲食もできるカフェテリアもあり、リラックスした気持ちで勉強することもできます。**緊張とリラックスをうまく使い分けて勉強に取り組むことのできるスポット**です。

また、この六本木ライブラリーの利点はなんといっても、窓から見える風景。四九階の高層階、オレンジ色に輝く東京タワーの眺めは、勉強の閉塞《へいそく》感から解放してくれる一服の清涼剤です。

> **NOTE**
> 注37　六本木ライブラリーの情報は、http://www.academyhills.com/library/ をご覧ください。

STUDY HACKS! 58

勉強合宿で集中学習

緊張感のある知らない場所といえば、旅行先。旅行中は実は、勉強がはかどります。大学受験時代には、高校が企画した勉強合宿に行きましたが、ぴりぴりとした緊張感の中、非常に集中できた記憶があります。「学校でも勉強できるのに、なんでわざわざ合宿を……」と思ったこともありましたが、実際にやってみるとその効果に納得しました。

同じようなことを、大学四年生のときにもやりました。そのとき、僕は卒業論文も含めて原稿用紙二〇〇枚のレポート課題が残っていました。これが書けないと卒業できないという瀬戸際。アルバイトやいろいろなしがらみを断ち切るためにも、サークルのスキー旅行についていったのです。

そして、ほかのメンバーがスキーをしている間に一人、レポートを書いていました。行きづまると、雪景色の中、ふらふらと散歩する。

その瞬間、「あ、こう書けばいいのか！」というヒラメキがどんどん起こってきたのを覚えています。知らない場所を歩く緊張感が、頭の回転を速くしてくれたのです。小説家が小説を書くときに、自分の家を離れて旅館に缶詰めになるという話がありますが、もしかしたら同じ気分なのかもしれません。

こうした合宿は、社会人になってからももちろん実行可能です。土日を使って、旅行に行く。旅行先で勉強に取り組む。これくらいであれば働きながらでも十分可能です。しかしここではさらに、もう一歩踏み込んで提案したいと思います。

それは、**「海外に行く」という選択**です。大学生のときには経済的な理由もあってなかなか行けなかった海外旅行を、勉強合宿にしてしまうのです。

行き場所は、その分野のメッカと呼ばれているようなところ。たとえば、IT関連の勉強であればシリコンバレー、金融分野であればロンドンやニューヨークに行って勉強するのです。

この方法のよい点は、シータ波が出る刺激的な環境であるということだけではありません。ひとつには、海外では携帯電話が通じないということ。日本からの連絡が途切れる。つまり、しがらみをいったん、すぱっと切ることができるのです。そして、さらに重要なことが、**その分野のメッカに来たという興奮が、モチベーションアップにもつながる**という点です。

今、ぱっと思い浮かぶのが、ニューヨークのイーストヴィレッジにあるスターバックス。アメリカの学生が利用するカジュアルな雰囲気の中で、一人勉強する。その高揚感からか、すぐに勉強モードに入っていくことができました。周りの言葉がよく聞き取れないので思考の邪魔にならなかったこともよかったのかもしれません。

ちなみに、この文章を書いているのは上海のソーホーと呼ばれる泰康路《タイカンルー》にあるカフェ「Cafe MOJO」。入り組んだ道に迷子になりそうになりながら見つけたおしゃれなカフェでパソコンを広げて、本を書いています。

旅行自体は格安ツアーで、泊まったホテルもかなりひどかったのですが、こんな贅《ぜい》沢《たく》な時間の使い方をすると、旅行そのものも充実したものに感じられるから不思議です。旅行先の記憶といっしょに勉強内容もインプットされるので、**無味乾燥な内容も、豊かな情感（クオリア）を伴《ともな》って記憶することができます。**

STUDY HACKS! 59 香りで集中力をコントロールする

集中できる環境はどんなところだろうとずっと考えていたら、「お寺」がそうではないかと思い至りました。

悟《さと》りに到達するため、精神統一して修行する。そういう場所は当然、集中しやすいような環境を整えているはずで、実際、お寺に行くとどこか厳粛な気持ちになり、祈《いの》りに集中する瞬間があります。お寺にはいったい、どんなハックが隠されているのでしょうか？

普段の生活と比べたとき、お寺の環境の特徴は三つあるように思います。それは、

①香り（お香などの匂《にお》い）
②照明（うす暗い照明）
③音（お経や木魚などのリズムのある音）

いずれも日常生活の中ではそれほどなじみのないものですし、とくにオフィスなどでは避けられている要素ではないかと思います。しかし実は、ここに集中力を高めるヒントがあるのではないかと見ています。

ここではまず、香りを取り上げてみましょう。お寺の真似をして、部屋に香りを充満させるのです。

といっても、さすがに線香の香りを充満させたのでは、あまり気分が盛り上がりません。ここでは、お香のかわりにアロマテラピーを取り入れます。

たとえば、勉強モードに入るときにはレモングラスなどの**柑橘《かんきつ》系のオイルを焚《た》くと、気持ちがシャキッとします。**勉強が終わって**ゆっくり眠りたいときは、ラベンダーへと切り替えます。**

こうして、香りを使って部屋の環境を変え、自分のモードを変えてしまうのです。

（上）ピースオブマインド
（下）アロマパルス

香りが部屋全体に広がるのがいやだということであれば、アロマオイルを体に直接つけるという方法もあります。スティックタイプのものが持ち運びに便利です。「NEAL'S YARD REMEDIES」のシリーズ「アロマパルス」では、その名も「ＳＴＵＤＹ」という商品がラインアップされています。

集中できないときにさっと手首に塗《ぬ》る。**これだけで気分が変わる**から不思議なものです。

また、『成長法則　ひとつ上の自分に出会う３つのステップ』（ＰＨＰ研究所）などの著書で有名な小田《おだ》真嘉《まさよし》さんから教えてもらったオリジンズのマッサージ用ジェル「ピースオブマインド」も使っています。ミントの香りで、首筋から耳のうしろにかけて塗ると、スーッとして背筋が伸びる感じです。眠気覚ましにも最適です。

STUDY HACKS! 60

勉強に効くハーブティー

香りということでいえば、飲み物にも気を配《くば》りましょう。香りのいいコーヒーや紅茶が気持ちを落ち着かせてくれた経験は、誰にでもあるはずです。ここでは、もう少しこだわってハーブティーを活用します。

ハーブティーのいいところは、ハーブによっていろいろな効能があるところ。アロマと同様、ハーブの効能を試しながら、**集中用、休憩用など、場面ごとに自分に合ったハーブティーを探す**といいでしょう。

ちなみに、集中するのにおすすめのハーブティーは、アロマテラピーのときと同様、柑橘系のレモングラス。集中力を高める効能があり、飲むとすっと目が覚める感覚です。僕はちょっと苦手なのですが、ペパーミントも効果あり。こちらはすっきり感がいいですね。

気持ちを高ぶらせるだけではありません。仕事の失敗を引きずっているときや勉強で興奮して眠れないときなどには、気持ちを落ち着けるカモミールやラベンダーを飲んだり、疲れを癒《い》やすために「飲む野菜」といわれるくらい栄養価の高いマテ茶を飲

ロイヤルホストのドリンクバー。

むなど、ハーブティーの使い分けによって体調のコントロールもできます。

enherb《エンハーブ》などのハーブ専門のお店では、求める効用によっていろいろなブレンドハーブティーも売られているので、楽しみながら飲んでみると勉強の気分転換にもなります。また、最近はファミリーレストランのドリンクバーにもハーブティーが用意されていて、手軽に楽しめます（注38）。

こうして、**ハーブティーによって自分のモードをコントロールできるよ**

NOTE

注38　ロイヤルホストの一部店舗で提供されているドリンクバーのお茶がおすすめ。ホームページでは季節、店舗ごとに異なると書かれていますが、渋谷駅東店では、「煎茶『喜香《きこ》』」「ウーロン茶『色種《しきしゅ》』」「ピーチウーロン茶」「麗肌《うるはだ》ローズヒップ」「黒豆《くろまめ》ほうじ茶」「ゆず緑茶」「すもも健身茶《けんしんちゃ》」「パインジャスミン茶」「減肥《げんぴ》プアール茶」「カテキン茶」など、ドリンクバーと思えないほどの充実のラインナップです（渋谷駅東店で調査。二〇〇七年一一月現在）。

うになると、海外など、いつもの環境とまったく違う場所に行っても、**お茶ひとつで普段の自分に戻ることができます。**海外出張する際に、お茶をいっしょに持ち歩いてもいいでしょう。

STUDY HACKS! 61 食事は腹八分、半日断食を取り入れる

短期決戦で重要なのは実は、食事です。本章冒頭でも紹介したように、生命の危機を感じる状態ではシータ波が出て勉強に効果を発揮します。

空腹の状態というのは、生命の危機の最たるもので、獲物を探すために自動的に集中力を高めていきます。短期決戦では、**この空腹による集中力を発揮しなければ乗り切れません。**そのため、食事は腹八分。食べたりないくらいでやめるのがポイントです。

最近では、朝食のかわりに野菜ジュースで我慢する**半日断食**を行っています。これは、朝食を食べないことによって、夜から半日以上の断食の時間をつくるというもの。ダイエット効果はもちろん、胃の中に食べ物が入っていない状態を維持することにより、午前中に集中力を発揮することのできる方法です。

STUDY HACKS! 62

部屋の照明を落とす

お寺を参考にすると、集中して勉強するには、部屋が明るすぎるとよくなさそうです。部屋を明るくすると視界が広がってしまい、勉強に不要な情報がどんどん脳に飛び込んできてしまうからです。

脳を勉強に集中させるためにも、不必要な情報をできるだけ排除したほうがよいのです。そこで、部屋の照明を落として勉強机だけ明るくするというハックが登場します。明るく照らされたところに視線を釘《くぎ》づけにして集中力を高める、**いわゆるスポットライト効果を利用する**のです。

部屋は暗くして、手元は明るく。この効果を実感するのが、残業。すでに帰ってしまったエリアの照明を消して、自分のデスクだけ明るくしていると集中力が高まる。そんな経験をした人も多いのではないでしょうか。このとき、フロア全体を明るくしてしまっていると、かえって注意が散漫になってしまいます。

ちなみに、スポットライトとなるデスクライトにも気を配ります。個人的には、蛍

明るすぎず暗すぎず。喫茶店の照明はよく考えられている。

光灯タイプのものよりも、**白熱電球の暖かいオレンジ色の光のほうが、集中して勉強できます。**

　こうした照明環境を突きつめていくと、ろうそくなどのほのかな光で演出されたアジアンテイストのマッサージ店の部屋のイメージになります。そこまで暗いとさすがに勉強できませんが、集中力を高めるための照明は、それくらい少ないほうがいいのです。

　こうして考えていくと、学校やオフィスなどの公共の場所は、まったく反対の、集中しにくい環境になっていることに気づきます。部屋全体をこうこうと照らす蛍光灯。部屋全体は確かに明るくていいのですが、逆に手元は薄暗く、逆スポットライト状態。これでは、集中しようと思ってもなかなか集中できません。本来、**集中力を発揮すべき学校やオフィスなどが実は、集中しにく**

NOTE

注39　これまでの常識を覆《くつがえ》して、その結果、より創造的なやり方を生み出す。これこそハックの醍醐味《だいごみ》ですね。

い環境になっているわけです（注39）。

個人的には、いつか間接照明を多用する集中しやすいオフィス環境を構築してみたいと思っていますが、一人の意見だけではなかなか実現しそうにありません。せめて自分の勉強環境くらいは、ということで、**部屋の電気を消してデスクライトだけをつけて勉強をする**ようにしています。これだけでも、ぐっと集中力がアップします。

STUDY HACKS! 63

黄色いものを周りに置く

暖色系の光が勉強にはいいのではないか、という仮説をサポートする有力な話があります。それは、**黄色のものを見ると集中力がアップする**というもの。人は、ピントを合わせるときに、黄色の部分で合わせているといわれており、黄色を見るとふっと集中力が戻るらしいのです（注40）。

よく集中力を欠いているときに、どこを見るでもなくボーッとしてしまうときがあると思いますが、そういうときに黄色いものを見ると、集中力を取り戻せるのです。

NOTE

注40　出典は「発掘！あるある大事典」。本当なのかどうか、わからないところが悲しいですね。

集中力を引き出すといえば、赤も効果がありますが、しかしこちらはより短期的な効果。長い間、赤いものを見続けていると、集中するどころか、かえってイライラして逆効果になってしまうこともあります（注41）。勉強するときには、長時間にわたって集中を引き出してくれる**黄色のものを机の周りに置いてみましょう**。ノートの表紙、ポストイットのメモ、ペンなど、黄色のものは意外とたくさんあります。

机の周りだけでなく、勉強部屋もできるだけ暖色系にすると、それだけ集中力が増すようです。ファーストフードのお店が軒並み、暖色系の色彩にしているのは、それだけ短時間にお客さんに集中して食事やおしゃべりをしてもらい、客の回転率を上げるためだといわれています。会議室を暖色系の配色にすると、会話も弾《はず》み、充実した会議ができるという話もあります（注42）。

勉強も同様。暖色系の配色を施したり、白熱電球の暖かい光を当てたりすることで、集中しやすい環境をつくることが重要です。

NOTE

注41　このあたりの話は、カラーコーディネーター杉《すぎ》原《はら》久《く》美《み》恵《え》さんに伺いました。これまで六〇〇〇人以上のカラー診断をされてきた実力派。

注42　コクヨ「色彩の達人」（http://www.kokuyo.co.jp/yokoku/master/color/001.html）より（現在は終了）。ここは、色にかかわるさまざまな提案がされていて、ハックが盛りだくさんでした。

書類ボックスに書類をそのまま放り込むだけ。

STUDY HACKS! 64

まず机のそうじから始める

スポットライト効果により、余計な情報が目に入らないようにするという話のついでに、そうじについても触れたいと思います。**勉強を始めるのなら、まず机のそうじから始めるのが鉄則**です。

よく、机の上に勉強とは関係ないものを載せたまま勉強を始めてしまう人がいますが、それは勉強ができない環境を用意して、自分に苦行《くぎょう》を強《し》いているようなもの。

気づかない間に、「そこに関係ないものがあるけれど、気にするな、気にするな」と、脳は自分にいい聞かせているのです。そこで、脳がそうした無理をしなくてよいように、視界に入るところから**勉強と関係ないものを取り除いてやる**わけです。

しかし、問題がひとつあります。そうじを始めてしま

整理した日付のフォルダをつくり、デスクトップにあるファイルをすべて放り込む。過去をすべて消し去るような爽快感。

うとつい、そうじそのものにのめり込んでしまうということ。勉強するためにそうじを始めたのに、そうじに時間をとられて勉強できなかった、ということになっては本末転倒《ほんまつてんとう》。そうじはあくまで集中するための一プロセスでしかありません。書類は整理せず、そのまま書類ボックスに放り込むくらい、大胆にそうじしてしまいましょう。**整理はあとからすればよい**のです。

ＩＴ時代においては、ほかにもそうじすべき場所があります。それがパソコンのデスクトップとメールの受信箱。仕事の効率を上げるためにも、常にきれいにしておくように心がけましょう。

このふたつ、いずれもそうじは簡単です。デスクトップであれば、「一時保管」という名前のフォルダをひとつつくり、そこに**デスクトップ上にあるファイルをすべて放り込む**のです。これで終わり。ファイルを捨てるわ

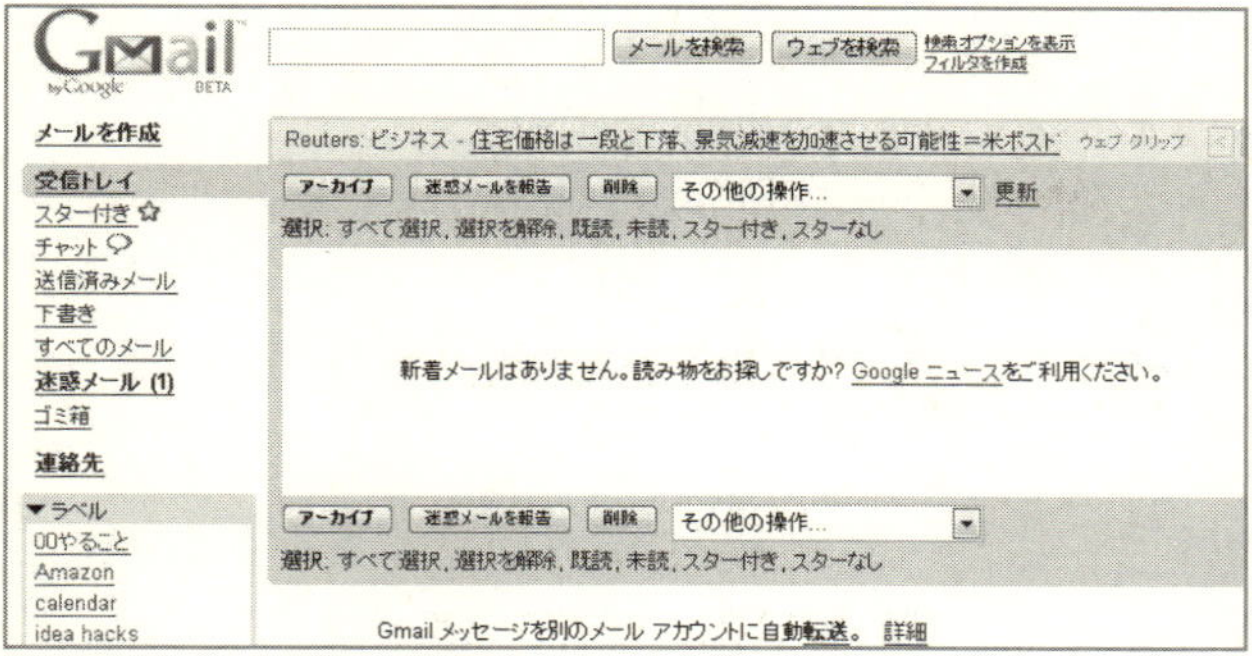

すぐ返信できるものはすぐに返信。時間のかかるものは「やること」フォルダに放り込む。受信トレイからどんどんメールを消していこう。

けではないので、心配はありませんし、一ヵ所に入れるので、あとで探すのがラクです。

重要なファイルがあれば、改めてデスクトップなり、別のフォルダなりに移動すればよいのです。しかし経験上、戻す必要があるのは一〇%程度。残りの九〇%のファイルは不要です。これはいい換えれば、デスクトップを占拠するファイルのほとんどが、あなたの思考の邪魔をしていた〝ゴミ〟だったということになります。

メールの受信箱も同じ要領で行います。**新しいフォルダをつくってそこに放り込むだけ**。この間一〇秒。放り込んだあとで、必要なメールは改めて取り出せばよいのです。大切なのは、今やろうとしている作業と関係ないものは、目に見えない場所に一時的に移すということなのです。

ファイルやメールをそのように扱うときに感じるのが、「大切なファイルを忘れてしまわないだろうか？」「大切なメールを忘れてしまわないだろうか？」という不安（注43）。しかし、本当に大切なものであれば、忘れたりしないのです。くどいようですが、勉強や仕事の効率を高めるためにも、まず視界から消すことが重要なのです。

NOTE

注43　どんな小さなリスクでも、可能性がゼロでなければ不安につながります。この不安とどのようにつき合うかというのが、ハックのポイントになります。重要なことは、そのリスクの起こりうる確率と影響を計算してプライオリティづけするという「リスクマネジメント」。ここで紹介した整理法は、一部のファイルを除き、大部分のファイルはフォルダに放り込んでも影響は大きくない、と考えればこそできる対処法です。

STUDY HACKS! 65

お経を聞いて集中する

お寺を参考にしたハックということで、香り、照明のふたつについて紹介しました。さらに、残りのひとつ、〝音〟について取り上げたいと思います。

『TIME HACKS!』では「トランス系の集中力」といういいかたをしましたが、ある作業に没頭するときには**単調な、しかし力強いリズムがあるほうが集中できます。**そ

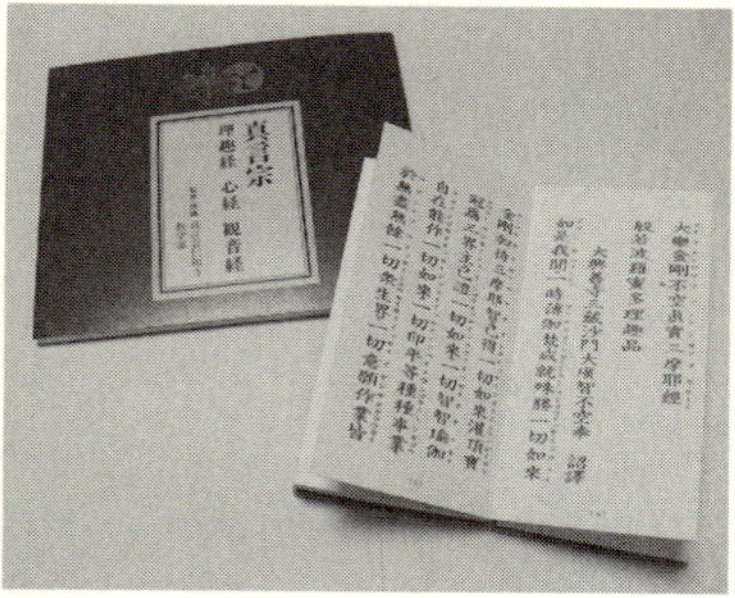

「理趣経」には、いろいろなバージョンがあるらしい。マニアならどのバージョンが効果的なのか比べてみよう。

の後、いろいろな音楽を試したのですが、実はそれにぴったりの音楽（?）が見つかったのです。それが、お経。ちょっとオカルトチックになりますが、まるで異次元の世界に引き込まれるような威力があるのです。

これもまた、ピースオブマインドを教えてもらった小田さんからの情報なのですが、お経の中でもとくに「理《り》趣経《しゅきょう》」が効果的だというのです。実際に聞いてみると、いや確かに**無心になれる。集中力が高まる**のです。

このお経、内容を見るとびっくりします。「セックスの快楽はすばらしい」という話から始まるこのお経は、生活を彩《いろど》るさまざまな快楽はすべて菩薩《ぼさつ》の境地《きょうち》、つまり、すばらしい状態なのだといい、快楽を肯定します。禁欲的だという仏教のイメージをくつがえす、衝撃の内容なのです。

いわれてみれば確かに、生きるエネルギーは快楽や歓喜から来ています。この生のエネルギーの源を真正面から肯定するというのは、ものすごくパワフルなこと。この「理趣経」には、そうした**ポジティブなエネルギーがあふれています**。密教最高の経典といわれるのも納得がいきます（注44）。

仕事や人生を楽しむためのコツを伝授する「ライフハック教」をつくるとしたら、この理趣経が中心教典になることは間違いありません（いや、冗談ですよ。念のため。注45）。

しばらくお経を聞いていると、ある瞬間からお経が聞こえなくなります。それが集中の「ゾーン」に入る瞬間。勉強に没頭しているはずです。

お経がいいのは、単調なリズムが繰り返されながらも少しずつズレていく、お経の音の構造にあるように思います。また、多人数の声が重なって倍音《ばいおん》のように響くのもいいのかもしれません。

聞き終わったあとに、ちょっとした疲労感を感じるく

NOTE

注44　もちろん、そうした快楽におぼれたり、執着《しゅうちゃく》して我を見失わないことが前提です。この境地に行くまでに、そうした執着心を捨て去る修行が必要なのは、いうまでもありません。

注45　しかし、ライフハックの実践的な方法論は、密教的だという指摘もできるでしょう。またある経営コンサルタントの方からは、ハックは実践行動学としての陽明学《ようめいがく》にも通じるという指摘をされました。個人的には、ハックという入り口から、こうした奥深い秘儀の世界や哲学の世界へと、道筋をつけていけたらと思っています。

らいに集中します。体力を使うので、体調が悪かったりすると、聞くとかえって集中できないようなこともあります。万全の体調で臨《のぞ》みましょう。

また、「いくら効くからといってもお経は聞きたくない」という人は、**ミニマル音楽やテクノ音楽で代用してもいい**でしょう。個人的には、レイ・ハラカミがお気に入り。気分が静かに高揚する、不思議でピースフルな音楽です。

そして小さなことですが、第一章「ツールハック」でも紹介したノイズキャンセリング機能つきのヘッドホンを使うとより効果的。お経を大音量で聞くと、まるで大きな講堂にいるような錯覚《さっかく》を覚えます。

STUDY HACKS! 66

冬のエアコンは二〇度に設定する

とくに冬の勉強にいえることなのですが、部屋を暖かくしすぎると眠気が誘われて勉強できません。部屋の中が暖かくなればなるほど、それだけ安心できる場所になってしまうため、脳が休眠状態になってしまうのです。

寒い冬には厳しい話なのですが、**室温はできる限り低いほうがいい**。もちろん、そのままだと風邪を引いてしまうので、かわりに服をしっかり着込むようにします。緊張感をたもちながら勉強する秘訣《ひけつ》です。

一方、夏の場合、クーラーを利《き》かせすぎると体調に影響します。僕の場合、とくにひどく、エアコンの強い風を受けるとすぐに体調を崩してしまいます。そういうことを避けるため、夏でも長袖ですごすほどでした。しかし、それがかえって気持ちいい。汗をかきながら、適度に新陳代謝《しんちんたいしゃ》しながらのほうが勉強がはかどるように感じました。

ちなみに大学時代、盆地という地形からムッとするような暑さで有名な京都の夏を、クーラーなしですごしたのはちょっとした武勇伝《ぶゆうでん》。水でぬらしたタオルを首筋に当てながら、上半身裸で勉強していました。想像すると壮絶な絵ですが、実際にやってみると結構快適だったのを思い出します。

冬は、温かい飲み物を飲みながらの勉強もいいでしょう。少しひんやりとした部屋で、体は温かい飲み物で温めながら勉強する。心地のいい緊張感が生まれます。

いずれにしても、**エアコンで室温をコントロールしすぎずに、自分自身の体温調節機能を働かせて新陳代謝を促《うなが》す。そうすることで、緊張感を持って勉強できる**わけです。

STUDY HACKS! 67

腹式呼吸で雑念を消す

これだけ環境を整えても、まだ集中できないときもあります。そういうときはたいてい、日常の些細《ささい》なことが気になっている状態。雑念が集中を邪魔しているのです。しかも、思い悩んでもしようがないことに限って、頭を離れません。あれこれ悩んで時間を無駄にする暇《ひま》があれば、その分、勉強に費《つい》やしたい。そういうときは、**まず呼吸から集中のきっかけをつかみます**。腹式呼吸です。

普段は肺で呼吸をしていると思いますが、お腹を使ってするのがこの腹式呼吸。まず、ゆっくりと空気を吐《は》き出します。これ以上、体の中に空気はないというくらいまで吐き出したら、今度は、ゆっくりと空気を体中に染み渡らせるように吸い込みます。

こうすると自然と、おなかを使って呼吸することになるはずです。これを四〜五回繰り返すと、不思議と先ほどまで気になっていた**雑念が気にならなくなっているはずです**。これは、**呼吸によって体のリズムを変えてやる**ことによる効用です。

雑念が気になっている状態というのは、体全体がせかせか、あわただしく、あせっているような状態にあります。そこで、ゆったりとしたリズムで呼吸することで、体全体をそういうあせりの状態から解放してやるわけです。

この「あせり」の気持ちは、将来に対する不安から来るものです。

「このままで大丈夫だろうか？」という不安は、ある時期まで必要なものだと思っていました。不安があるからこそ勉強するし、不安があるからこそがんばれる、というように。

しかし、最近では、そういう考え方は半分正しくて、半分間違っていると感じます。正しい部分というのは、「あせり」がそれなりの行動促進剤になるということ。残りの間違っている部分というのは、「あせり」は判断を誤《あやま》らせるため、間違った行動をしてしまうケースが多いということ。

あせって正しいことをやるならいいのですが、あせって間違ったことをやってしまうことのほうが実は多い。それよりも**気持ちを落ち着かせて、冷静に対処したほうが、結果的には近道**なのです。

勉強だけでなく仕事においても、この腹式呼吸は非常に有効です。

STUDY HACKS! 68

あぐらをかいて勉強する

体の状態を変えることで脳の状態を変えるということでいえば、あぐらも欠かせません。文章を書くとき、僕はいつもあぐらをかくか、一方の足だけでもあぐらをかいた状態にしています。こうすると体全体の緊張が解《と》け、気持ちがゆったりとします。勉強も同様で、体が緊張状態にあると集中を妨《さまた》げる要因になってしまいます。

これは僕だけのことかと思っていたら、先日、あるIT企業の社長にお会いしたときにやはり、あぐらをかくという話になりました。その人の場合、人と会って話すときにあぐらをかくそうで、お会いした中華のレストランの座席で、靴を脱いであぐらになっていました。それを見て、「これでもいいんだ！」と非常に勇気づけられました。

以来、周りの目は気にせず、あぐらになれるときにはなるようにしています。喫茶店だと、お店のいすによってあぐらをしにくいところもあるのですが、**ファミリーレストランは**座席が一列につながった長いシート状になっているものもあるので、**思う存分、あぐらをかくことができます。**この発見以降、勉強も執筆も、ファミリーレス

身体についての関心は高まっており、いろいろな本が出ています。いずれも、身のこなし方を変えることで思考方法まで影響があるという指摘がされています。

トランでやることが多くなりました。

また、この話をいろいろな人にするのですが、賛同者の多さにびっくりしています。中には、あまり大声ではいえませんが、女性でも仕事中、いすで片方だけあぐらをかいているという人もいました。スカートだと厳しいですが、パンツスーツであれば大丈夫ですよね。

ちなみに、この片方の足だけ組むやり方は、広隆寺にある弥勒菩薩《みろくぼさつ》半跏思惟像《はんかしいぞう》と同じ姿。思惟《しい》、つまり考えるときには弥勒菩薩でもこうした姿になるわけです。人間がやっても、思考に効くはず。それに、聖なる弥勒菩薩がこんな格好をしているのです。

菩薩になった気持ちで、ぜひ女性の方にもおすすめしたいです（注46）。

NOTE

注46　この話の行き着く先のひとつは、ヨガなのかもしれません。もしくは、和の身体技法もおもしろそうです。どちらも、女性のほうがそういう取り組みに積極的で、常に時代の先端を行っていることがちょっと悔しいです。男性もがんばれ！

STUDY HACKS! 69

身体と環境

環境ハックは、非常にスリリングです。これまで僕たちは、考えたり、感じたり、悩んだり、怒ったり、喜んだりということを、脳の作用だと考え、脳さえ働いていれば十分だと考えてきました。

ところがここで前提としているのは、そうした**脳の働きは環境との相互作用（インタラクション）に深くかかわっている**ということ。つまり、**環境や身体次第で思考も変わってしまう**、ということなのです。

いい換えれば、**環境や身体をおざなりにした思考というのは、非常に危《あや》うい**ということもいえるのです。よくない環境や身体状態での思考というのは、偏屈《へんくつ》で独りよがりになりがちです。自分では正しいと思っていても、知らず知らずの間に、周りの環境や自分の身体状態に影響を受けている。風邪を引いて体調を崩していると、ついつい ネガティブな考え方をしてしまうように、思考がゆがんでしまっている可能性があるのです。

その意味で環境ハックは、独りよがりの思考から自分自身を解放するためのメソッドと捉えることも可能です。

すぐれた思考術というのは、すぐれた環境構築と身体管理がセットになっています。この環境ハックは勉強だけでなく、『IDEA HACKS!』以来考え続けている、思考術やアイデア発想法の本質に切り込むハックでもあるのです。

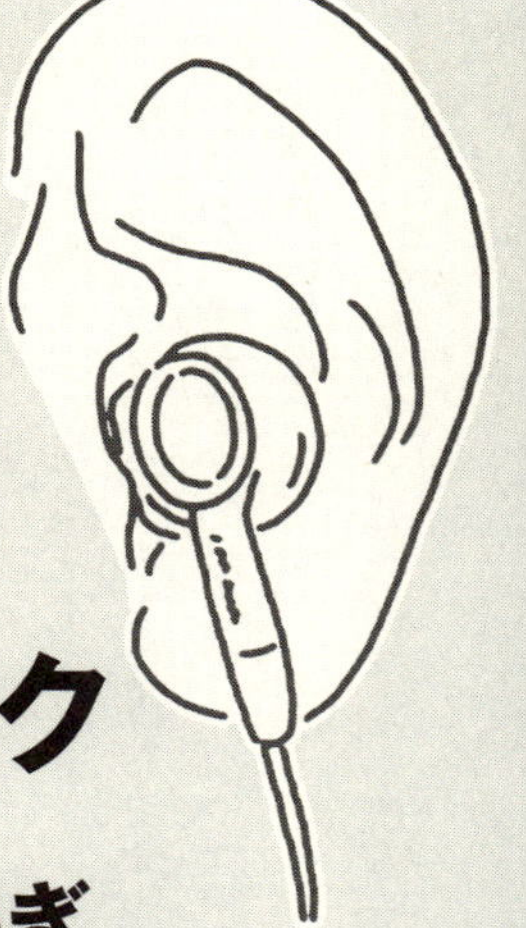

Chapter 6

Title
語学ハック

Sub Title
リズムとゆらぎ

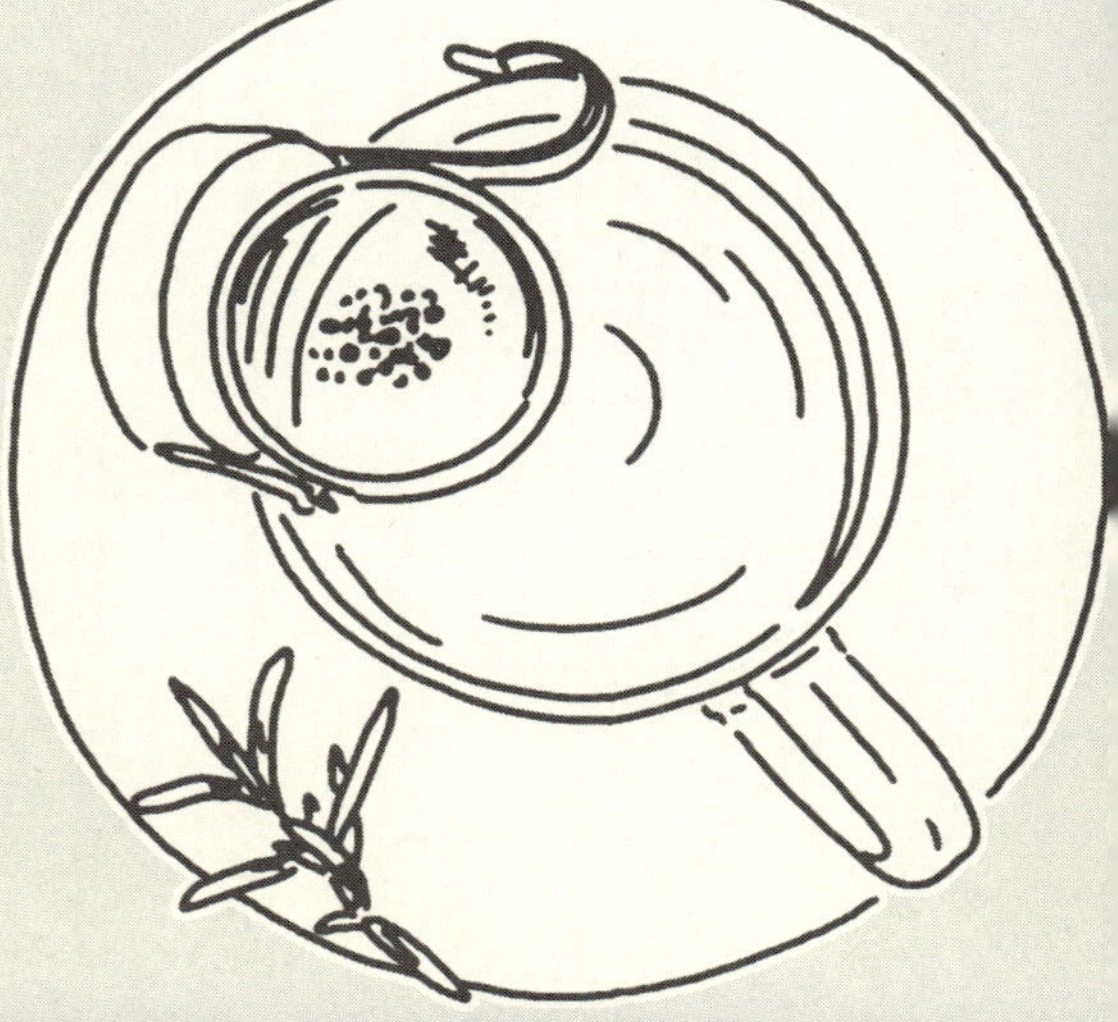

STUDY HACKS! 70

ペーパーバックで一〇〇万語を読破する

　多くの日本人が悩んでいるのが語学。僕自身、学生時代から語学が苦手で、大学受験のときには英語が一番の頭痛の種《たね》。そんな状況だったので、まさか海外留学をすることになるとは思ってもみませんでした。

　それだけに、いざ海外留学をしようと思い立ったとき、「英語は大丈夫かな」「間に合うかな」という心配が頭をよぎりました。留学するレベルの語学力なんてゼロの状態からどうやって準備するのか。この章では、**できるだけ短時間で、英語を留学レベルまで上げるハック**を紹介したいと思います。

　まず第一ステップとして、語学でもっとも重要で、その後の学習のベースになる読解（リーディング）力を伸ばします。あまり認識されていませんが、実は、**リーディング力こそがほかのリスニングやスピーキング、ライティングなど、すべての語学能力の基礎**になるのです。

　考えればわかることですが、**文章を読んで理解できないのであれば当然、耳で聞い**

ても理解できないですし、話すことだってできません。「文章ではなく、音声として聞けばわかる」という人もいますが、それは話しているときの文脈や雰囲気で理解できるということであり、英語そのものは理解できていないのです。

英語がしっかり理解できるようになるためには、まず読解力を鍛《きた》える。それが最初のステップなのです。

この**リーディング力を鍛えるためにおすすめしたいのが、英語の多読。**とくに、ペーパーバックといわれる安い英語本を大量に読むことをおすすめします。SSS英語学習法（注47）を提唱している酒井《さかい》邦秀《くにひで》氏によれば、一〇〇万語を読破することによって、シドニー・シェルダンレベルの本が読めるようになる。これは十分、留学レベルの語学力を満たしています。

しかし問題は、どうやって一〇〇万語もの大量の文章を読むかということ。学生時代、辞書を片手にウンウンうなりながら読解を進めていた記憶からすれば、一〇〇万語なんてほとんど天文学的数字です。

しかし、ここにもハックがあるのです。それが、

NOTE

注47　SSS英語学習法について詳しくは、http://www.seg.co.jp/sss/ を参照ください。

①辞書は引かない（引かなくてもわかる本を読む）
②わからないところは飛ばして前へ進む（わかっているところをつなげて読む）
③つまらなくなったら止める（①②の原則で楽しく読めない本は読まない）

というもの。これであれば、かなりの速度で英語を読むことができそうですよね。

実際、僕も留学前には、この方式で英語の多読を行いました。「辞書を使わなくてもわかるやさしいものから」ということだったので、アメリカの小学生が読むような童話からスタート。確かにそのレベルであれば、使われている英単語も日本の中学英語レベルなので、辞書がなくても意味はちゃんとわかります。

それまで、英語の勉強とはすぐには理解しがたいものを読むものだ、という固定概念に縛《しば》られていた僕は、**「読んでいて意味がスラスラわかる」**という状態に、すっかり目からうろこが落ちました。「これなら続けられる！」。英語の苦手な僕でも、そういう手ごたえを感じました。

そして不思議なことに、意味がわかるからといって、勉強にならないのかといえば、そうではないのです。簡単な英単語でも組み合わせによってこんな表現ができるんだと、その表現の豊かさにかえって驚かされるのです。慣れてきて、少しずつ難易度の高い本に挑戦していき、最終的には、ドラッカーの本（注48）を辞書なしで読み進められるようになりました。

NOTE
注48　とくに好きなのは、『イノベーションと企業家精神』（ダイヤモンド社）。英語のペーパーバックは"Innovation and Entrepreneurship"というタイトルです。留学準備をしているとき、何度も繰り返し聞いていました。

これは、第三章「試験ハック」でも紹介した、**難易度のコントロールによってモチベーションを維持する**ことにも関連しています。辞書を引きながら、一時間に数ページで読み進める苦痛は相当なもの。それであれば、辞書なしでも読めるものをスラスラ読んだほうが気持ちがいいし、よほど英語の勉強になる。その中に、少しくらいわからない単語が混ざっていたとしても、前後の文脈から意味は想像できるし、そうしていくことで英単語の意味が感覚的につかめてきます。

STUDY HACKS! 71

たった一〇〇〇語でも英会話はできる

ペーパーバック多読法が有効であることの背景には、実は普段の会話の中で使われている英単語の数はそれほど多くない、という事実があります。

よくいわれるのが、**一〇〇〇語でも十分、会話はできる**という説。一〇〇〇語といえば中学英語レベルの語数なので、その少なさがわかると思います。なぜ、こんな少ない語数でも会話ができるのか。それは英語が、簡単な言葉の組み合わせによって成り立っているからなのです。

たとえば、take という単語ひとつとっても、無数のイディオムが存在します。試しに、オンライン辞書の「英辞郎 on the WEB」（注49）で「take」を検索したところ、なんと一万九四九四件もの結果が返ってきました。

結果のほとんどは、ほかの単語との組み合わせから生まれる、派生した意味。「take」「have」「get」などの基本単語の使いかたを覚えるだけでも、さまざまな表現ができるのが英語という言語なのです。

単語をたくさん覚えなくても表現できるという意味では、英語の便利な点でもあるのですが、ここまでバリエーションが多いと、むしろ英語の難しさにもなってきます。つまり、**一〇〇〇語で生まれる無数のバリエーションを身につけていないと会話ができない**、ということで

NOTE

注49　英語教材を制作・販売するアルクのウェブサイトで利用できるオンライン辞書（http://www.alc.co.jp/）。

もあるからです。

これは、ビジネス英会話よりも日常会話のほうが実は難しい、ということにも関連してきます。ビジネス英会話においては、ビジネス用語を軸にして会話が進んでいくので、用語さえ知っていれば大丈夫。しかも、感情的ではなく客観的な事実や意見のやりとりなので、大きく理解が食い違うことはそれほどありません。技術系の英会話が、比較的通じやすいというのも同様の理由です。

ところが日常会話では、単語そのものは簡単でも、感情のこもったさまざまなイディオムが入り乱れてくるので、ちょっと油断すると、簡単に意味の取り違えが発生します。

たとえば、「take advantage of ～」というイディオムがあり、これはニュートラルな意味では「～を活用する、利用する」という意味なのですが、日常会話の場合、否定的な意味で使われ、「ずるいよね」というニュアンスが込められることが多い。否定的なニュアンスを知らずに聞いたり、使ったりすると、とたんに会話がちぐはぐになってしまう。これが日常会話の怖さです。

先ほどの**ペーパーバックの多読がいいのは、こうした豊かな表現に触れられるから**でもあります。小学生低学年向けの童話からスタートするのも、時間の無駄どころか、かえって土台をしっかりつくることができるというメリットがあるのです。英語は一〇〇〇語で会話ができる、というふうに前向きに捉《とら》える一方で、この一〇〇〇語をおざなりにしたら会話が成立しない、という危機感を持って取り組むことが重要なのです。

STUDY HACKS! 72 Nintendo DS で単語を暗記する

基本一〇〇〇語から生まれるバリエーションが身についてきたら、今度は少し高度な英単語の習得に移ります。

留学やビジネス上での英会話を目指すときには、ある程度の専門用語を知っておかないと話が通じなくなります。専門用語は、通常に使う言葉と違っていい換えもしにくいので、単語を知らないと話が進まない、説明のしようがない、という状態に陥《おちい》ってしまいます。

たとえば、二酸化炭素（carbon dioxide）という単語を知らない人に、二酸化炭素を説明するところから会話を始める、というような状況を思い浮かべてもらうといいと思います。ビジネスにおいては、そんな単語がひとつあるだけで、成立する交渉も成立しなくなってしまいます。

こうした単語は、丸暗記するしか方法はありません。さきほどの基本単語については、あいまいな表現も多いため、多読をする中でいろいろなニュアンスを感じ取っていくという方法が有効でした。しかしビジネス用語や専門用語には、基本単語にあるような細かなニュアンスはなく、基本的には日本語に一対一でしっかり翻訳できるもの。だから、多読を使わずに身につけなければなりません。

しかし、「単純な暗記」というのは、なかなか根気がいるものです。そこで利用したいのが、Nintendo DS の英単語暗記ソフト。ゲーム形式でクリアしていくので、飽きずに続けることができます。

このように、**ニュアンスが豊かで文脈での判断が必要な基本単語と、文脈がなくても意味がひとつに定まる専門用語。このふたつの単語の暗記の仕方をきちんと区別す**ることが重要なのです。

STUDY HACKS! 73

リスニングは年間一〇〇〇時間

多読による英語の基礎ができてきたら、今度はリスニングを鍛《きた》える番です。多読と同様、こちらも**ポイントはやはり、量**。ヒアリングマラソンというアルクの商品がありますが、ここでは一年間に一〇〇〇時間のリスニングを目標としています。

個人的には、ＣＤつきの月刊英語教材を定期購読しています。たとえば朝日出版社の『CNN English Express』は、世界のニュースがそのまま英語教材になっていて、最新の単語を知るのにも便利です。ｉＰｏｄに入れて、暇《ひま》があれば聞き流しています。

これで年間一〇〇〇時間のリスニングを達成するには、月約八〇時間。一日にすれば三時間弱。一時間ほどのＣＤなので、三回聞くというのが目標になります。やってみるとわかりますが、集中して聞くとなると、これはかなりたいへんです。

先ほどの多読一〇〇万語とリスニング一〇〇〇時間。いずれも気が遠くなりそうですが、ここでも先ほどのハック、「理解できなければ飛ばす」というテクニックが生きてきます。わからないところにこだわらずに、わかるところだけ聞いていればよいのです。多読のときと同様、

①辞書は引かない
②わからないところは飛ばして前へ進む

③つまらなくなったら止める

という三原則を適用するわけです。こう割り切ることによって、たくさんの英語の音を頭の中にインプットすることができます。「理解しないと次に進んではいけない」という発想に囚《とら》われたままでいると、とくにリスニング力については、どれだけ時間をかけても上達しません。そして上達しないとやる気がなくなって、さらに上達から遠ざかるという悪循環に入っていきます。

とにかく気楽に聞き流しながら、飽きるくらいに聞き込む。こうすると、ひとつひとつの表現がしっかり身についていきます。

僕の場合、ビジネススクール卒業後、しばらく英語に触れていなくて、どんどん落ちていく英語力に危機感を感じ、英語のリスニングを再開しました。

年間一〇〇〇時間はなかなか厳しいので、五〇〇時間を達成するように、毎日二時間をノルマとしています。行き帰りの通勤時間で一時間分が確保できるので、残り一時間をうまくやりくりするというイメージです。ときどき達成できない日があると考えても、三六五日のうち二五〇日でノルマをクリアすれば、五〇〇時間を達成できるという計算です。
自分のライフスタイルに合わせて、無理のないスケジュールを組むといいでしょう。

STUDY HACKS! 74

ドラマで生きた英語を身につける

さらに、おすすめしたいのが、**DVDで映像を見ながらリスニングを鍛える**という方法です。リスニングだけだと、理解できないところについてはまったく手がかりのない状態になりますが、映像があれば、たとえ聞き取れなくても、そこで行われているやりとりから理解の手がかりを得ることができます。そうして、意味と音をつなぎ合わせることによって、さらに大量リスニングの効果が上がります。

DVDは、個人的には**シリーズもののドラマがおすすめ**です。映画でもいいのですが、二時間程度で終わってしまうとさすがに何度も繰り返し見ていると飽きてしまいます。その点、ドラマなら気に入ったものが見つかれば、シリーズを通じて長期間、つき合っていくことができます。

複数の脚本家が関わっている。ストーリーを見て、どの脚本家が書いたかを当てるという通の楽しみもある。

僕がとくにお世話になったのが、『フレンズ』。同じアパートに住む男女が繰り広げる大人気のシチュエーションコメディで、なんとシーズン10まで続いた長寿番組。はまると当分、楽しめるシリーズです。

ニューヨークが舞台で、時代設定も現在なので、言葉もリアルタイムの生きた英語。それだけに聞き慣れない表現も多くて最初はなかなか理解しにくいかもしれませんが、そこが映像の力、何度も見ているとなんとなくわかってくるから不思議です。英語の字幕を表示させれば、何をいっているか文字で確認もできます。

この「フレンズ」、教材としてなによりもいいのが、**「笑いのポイントを聞き逃したときの悔しさ」**が学習意欲を刺激してくれるという点です。

登場人物が何かおもしろいことをいって、笑い声がかぶさる。それが理解できないとなんとも悔しい。これはたとえば、クラス全体が爆笑に包まれているのに、一人聞き逃してしまって、となりの子に「何が起こったの？」と必死に聞いてしまう状況ともよく似ています。その悔しさが、「もう一度見て完璧に理解しよう！」というモチベーションへとつながっていくのです。

STUDY HACKS! 75

カラオケ感覚でシャドーイングする

リスニングの次はいよいよ、スピーキング。これには、「シャドーイング」という**学習法**がおすすめです（注50）。

これは、簡単にいえば、**英会話のカラオケ**。ネイティブの話しているスピードに合わせて、同じスピードで同時にモノマネして話していくのです。文章を見ながらやってかまいません。留学直前には、このトレーニングを何度も繰り返していましたが、あとから考えると、これをしていなかったらどうなっていただろうというくらい、劇的な効果がありました。勉強の基本は、真似ることなんだと改めて痛感しました。

NOTE

注50　このシャドーイングを最初に学んだのが、名古屋にあるSIA（佐々木インターナショナルアカデミー）。海外留学、MBA留学に関して、名古屋地区では圧倒的な実績を持っている学校です。毎週行われるSIA国際フォーラムは、時事問題などを取り上げて、非常に刺激的な内容です。

シャドーイングでいいのは、**ネイティブならではのリズム感、イントネーションなどが自然と身につく**点です。言葉というのは、非常にリズムが重要で、たとえ明瞭な発音だったとしても、不自然なリズムで話すと全然伝わらないということがある。逆に、もごもごしていても、リズムさえあっていれば通じてしまうということもあります。

素材については、僕は、リスニングでも使った朝日出版社の『CNN English Express』を、そのままシャドーイングにも利用しています。月の前半は、とにかくリスニングを中心に行い、そこで暗記するくらい聞き込んだら、後半はシャドーイングを織《お》り交《ま》ぜていくのです。そうすれば、しっかり音を認識したうえでシャドーイングできます。興味のあるオーディオブックを活用してもいいでしょう。

こうしてリズム感、イントネーションをマスターしたあとは、発音の微妙なチューニングを加えていきます。勘のいい人、耳のいい人は、シャドーイングだけで発音もマスターしてしまいますが、基本的には発音は発音で、意識して身につける必要があります。

英語の発音というのは、日本語の発音にはない音がたくさんあるため、発音の間違いがなかなか把握できないからです。RとLの違い、数種類の「ア」の発音、she、seaの「シ」の違い、VとBの違いなど、最初はまどろっこしいですが口の形から意識してやっていきます。口を尖《とが》らせたり、横に伸ばしたり、大げさなくらいにやってみます。これもシャドーイングの中で練習を繰り返すと、より効果的です。

こうしたシャドーイングでは、どうしてもイントネーションが身につかないという人は、アクセント矯正《きょうせい》に定評のある『American Accent Training』というCD5枚つきの本を利用するのもいいでしょう。どういうところに注意すべきなのか、懇切《こんせつ》丁寧《ねい》に教えてくれます。

さらに、『アメリカ口語教本』シリーズ（研究社）をやってみるのもいいかもしれません。これは、ある定型文を繰り返し練習することで、文章が自然と口をついて出てくるようにするもの。まるで筋力トレーニングのような感じでスピーキングの能力を鍛えることができます。

こうした**基礎トレーニングをしたうえで、英会話学校へは実力を試す試合のつもりで通います**。試合なのだから、そんなに頻繁《ひんぱん》に通う必要はありません。そこにお金と時間をかけるよりは、個人練習をしっかりこなしたほうが効果的です。

STUDY HACKS! 76 決めゼリフを丸暗記する

シャドーイングを繰り返していると、**決まり文句が一種のパターンとなって、すらすらと出てくるようになります**。何度も出てくるので、自然と口をついて出てくる。そういう状態までいければしめたものです。そのうち、勉強した記憶もないのに単語が出てくるようになるはずです。こうなると**語学勉強のスピードが加速度的に速くなっていきます**。

しかし、そこまで行くにはそれなりの時間がかかります。そこでまず、**日常でよく使うような表現について丸暗記しておきます**。とくに、自己紹介については、一分くらいのものをすらすらと何も見ないでいえるくらいに暗記しておくと便利です。

簡単そうに思うかもしれませんが、これが結構、たいへんです。というのも自己紹介ひとつとっても、そこには言語の違いだけでなく、文化の違いが横たわっているからです。

発音は体で覚えるしかない。スポーツと同様、反復練習が遠回りのようで近道。

日本であれば、「よろしく！」でなんとなく済んでしまうところでも、日本と比べて圧倒的に多様な人たちがいっしょに住んでいるアメリカだと、それなりにしっかりとした自己紹介が求められます。へたをすると、「私は小山龍介といいます。えーっと、〇〇大学の学生です。ビジネスの勉強をしています……（うーん、話すことがない……）」なんてことになってしまいます。これではまるで、小学生レベルの自己紹介です。こんな恥《は》ずかしいことにならないように、準備をしておくわけです。

自己紹介の内容も、ビジネスの場合、プライベートの場合と二通り用意します。ビジネスの場合は比較的簡単で、どういう会社で働いていて、どういうポジションにいるのか、どういう仕事をしているのかなどを説明すれば、それなりの自己紹介になります。

問題はプライベート。一番有効なのは、**スポーツネ**

タ。松井《まつい》秀喜《ひでき》選手がニューヨーク・ヤンキースに在籍していたころなら、「ヤンキースファンで、松井をいつも応援しているんだ！」なんて入れれば、野球の話でばっちり盛り上がることができました（注51）。

旅行ネタもよく使います。どこどこに行ったとか、そこでのエピソードを交えながら話していくと、自分自身の人柄もそれとなく伝えることができます。「おすすめの旅行先はある？」なんていう質問で切り返すこともできます。

また、家族がいるなら、家族ネタも万国共通の話題です。ちなみに政治ネタ、経済ネタは、相手を選んだほうがいいのと、話が難しくなるので相当な英語力がないと厳しいでしょう。

このように、自己紹介を準備するだけでも、そこには異文化理解が必要になる。ここが言葉のおもしろさであり、難しさです。ちなみに、準備した自己紹介文は必ず、ネイティブスピーカーのチェックを受けるようにしましょう。こういう種類のチェックこそ、英会話学校を活用するいい機会です。

NOTE

注51　当時はヤンキースタジアムに行って、松井の背番号の入ったシャツを着ていると、必ずといっていいほど声をかけられたものだ。それをどう切り返すか。英語力だけではない、さまざまな対人スキルが試されるようで、僕自身は非常に苦手です。

STUDY HACKS! 77 iTunes U で海外留学する

海外留学したいという相談をよく受けるのですが、そのときによく紹介するのが、**海外の学校の授業を日本に居ながら受講する方法**です。その代表的な例が、iTunes Store の中にある、iTunes U。主にアメリカの大学の授業の様子が、映像や音声で提供されているコーナーです。

iPodの「ラク耳勉強法」でも紹介しましたが、使うソフトウェアは iTunes。iTunes Store の iTunes U メニューをクリックすると情報を提供している大学がずらりと表示されて圧巻です。

授業の内容も多種多様。アメリカは学部としての特色を出すために、かなり細分化されたマニアックな分野を教えているので、その分野に興味があれば好奇心を刺激されること、間違いなしです。購読のボタンを押すとダウンロードが始まり、数分後には授業を受けることができます。

これは本当に衝撃的です。留学するために一〇〇〇万円を超えるお金を使った人間からすれば、「ずるい！」と叫《さけ》びたくなるような内容です。このメリットを享受《きょうじゅ》しな

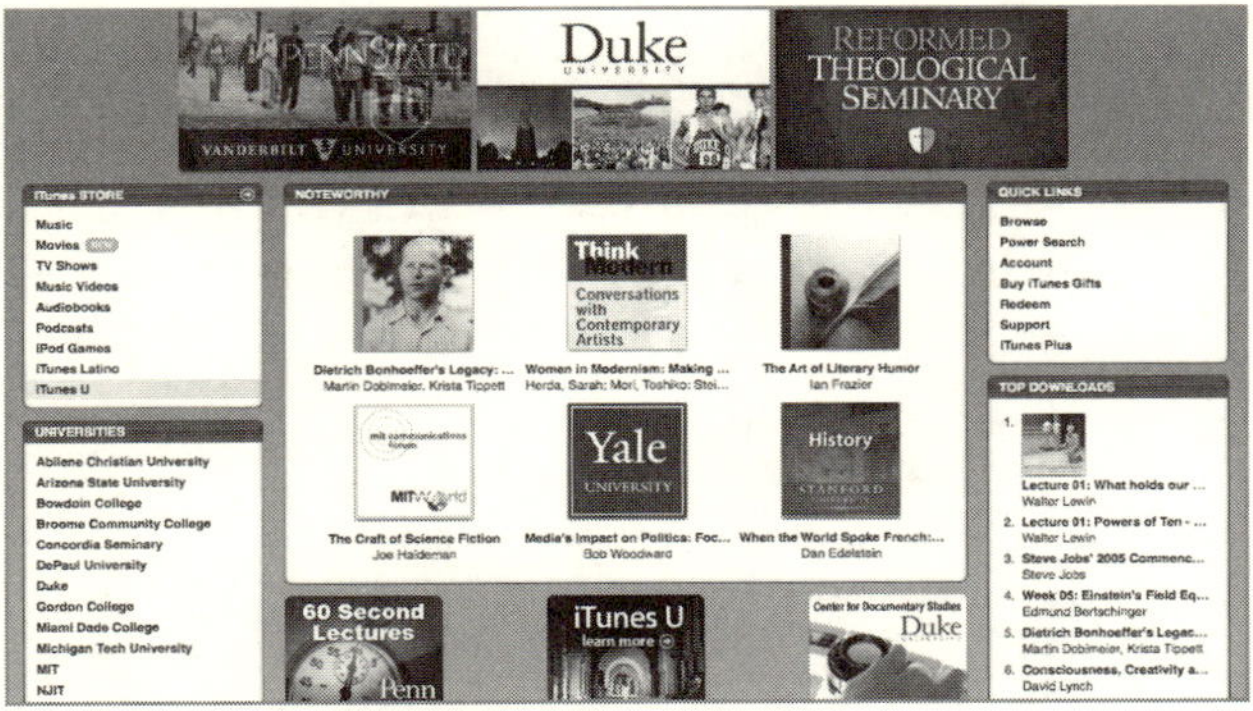

名立たる名門校がさまざまな授業を iTunes U で提供している。

い手はありません。

しかし、ここで多くの人がショックを受けるのが、あれだけ英語を勉強してきたのに聞き取れない、という現実です。リスニングもトレーニングして、ある程度聞き取れるようにもなって自信もついてきたのに、いざ授業を受けるとなかなか聞き取れない。

これは当然で、英語教材はたいてい、ナレーションのプロが朗読しているので聞きやすいのですが、授業を行う教授はしゃべりのプロではありません。発音は不明瞭だし、間違えていい直すことも多い。聞き取れなくてもしようがないのです。とくに、高齢の先生がもごもごと話しているのは、アメリカ人であっても聞き取りにくいのです。ほかには、インドなまり、中国なまりなど、**さまざまななまりのパターンへの**

対応も求められます。

こうした状況は授業だけではなく、ビジネスの世界でも同様です。いろいろな声質、なまりに対応するためにも、iTunes U で慣れておきましょう。一度パターンさえ覚えてしまえば、あとはそれほど苦労しないはずです。

STUDY HACKS! 78 Skype 英会話で実力をチェックする

こうして英語の力を蓄積したら、最後は実際の英会話で実力をチェックです。

多くの人が勘違いをしているのですが、**英会話学校に行って英語の実力がつくというのは、大きな間違い**です。会話するといってもたかだか一時間くらいのことで、英語の力はつきません。

外国人とぺちゃくちゃおしゃべりして、サッと英語がうまくなるくらいなら、多くの人がもっと英語を話せるようになっているはずです。残念ながら、ここまで見てきたように、外国語学習の大部分は、退屈な繰り返しトレーニングにあります。

じゃあ英会話学校がまったく無意味かというと、そうではありません。英語学習でついた力を試す場としては有効です。その一時間は英語のトレーニングではなく、英語の実力チェックとして活用するのです。月に一回程度でも、実際の成長度合いを確認するために、ネイティブスピーカーの人と話をするのは、モチベーションアップの方法としても効果的だと思います。

とはいえ、通常の英会話学校だと、ある程度頻繁に通学することが前提となっています。実力チェックにしては、やや頻度が多すぎてお金がもったいない感じがします。

そこで**おすすめしたいのが、Skype によるオンライン英会話**です。英語を母国語としているフィリピン人を中心とした講師と、Skype でオンライン通話するタイプの英会話学校で、一時間数百円で受けられる仕組みです。

安さもさることながら、好きなときに受講できるスタイルが、実力チェックの用途にぴったり。「そろそろ、英語が少し上達してきたかな」というタイミングを見計らって受講する、といった使い方ができます。

STUDY HACKS! 79

リズムとゆらぎ

ここまで見てきたように、言葉を学ぶうえで重要なのは、**リズムとゆらぎ**。リズムを体で覚えながら、しかしそこには、適度なゆらぎが必要です。言葉というのは厳密なものではなく、ある程度のあいまいさが必要なので、ここでも紹介したような多読やシャドーイングのような、**あいまいさも含めて体で覚えていく必要がある**のです。これは、時代によって変化していく言葉の持つ特徴でもあります。

そのため、言葉の勉強は、ゴールがありません。どんなにうまい人でも、「まだ、全然、ダメです」というのは謙遜《けんそん》などではなく、それだけ語学が奥深いものであり、またかつ、変化の激しいものだということを示しているのです。

そして、このリズムとゆらぎという概念は、語学にとどまるものではありません。実はあらゆる分野の勉強で、リズムとゆらぎが存在しています。言葉だけでなく、あらゆる分野でさまざまな研究が進められており、それまで当たり前だと思っていた「常識」が覆《くつがえ》されることが多々あります。これは生物でいうところの新陳代謝《しんちんたいしゃ》のようなもの。**知識もまたリズムを持ち、またゆらいでいる**のです。

となるとどうなるか。ひとつは、常に新しい情報を取り入れていく必要があるということ。第三章の「STUDY HACKS! 34 覚えたことはできるだけ忘れる」でも触れましたが、常に情報をインプットしていかなければ、持っている知識はすぐに陳腐化《ちんぷか》してしまいます。

いい換えれば、「知った」ことで満足して学びを忘れてしまえば、それはリズムを失った音楽であり、その後に生まれたゆらぎをフォローできていない時代遅れのファッションのようなもの。

時代のリズムとゆらぎを取り入れる。語学の勉強をしながら、ぜひそのあたりの感覚を勉強に取り入れてみてください。

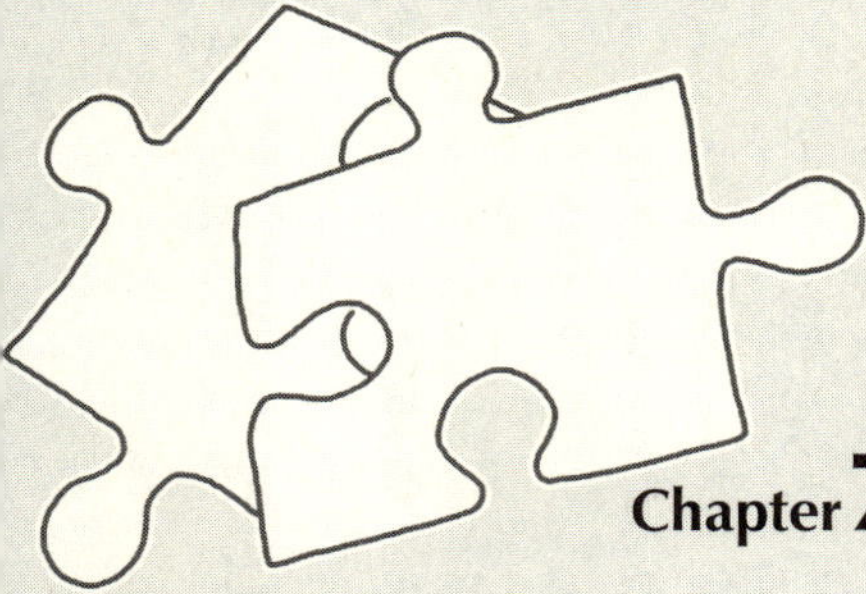

Chapter 7

Title

キャリアハック

Sub Title

STUDYとSTUDIOUS

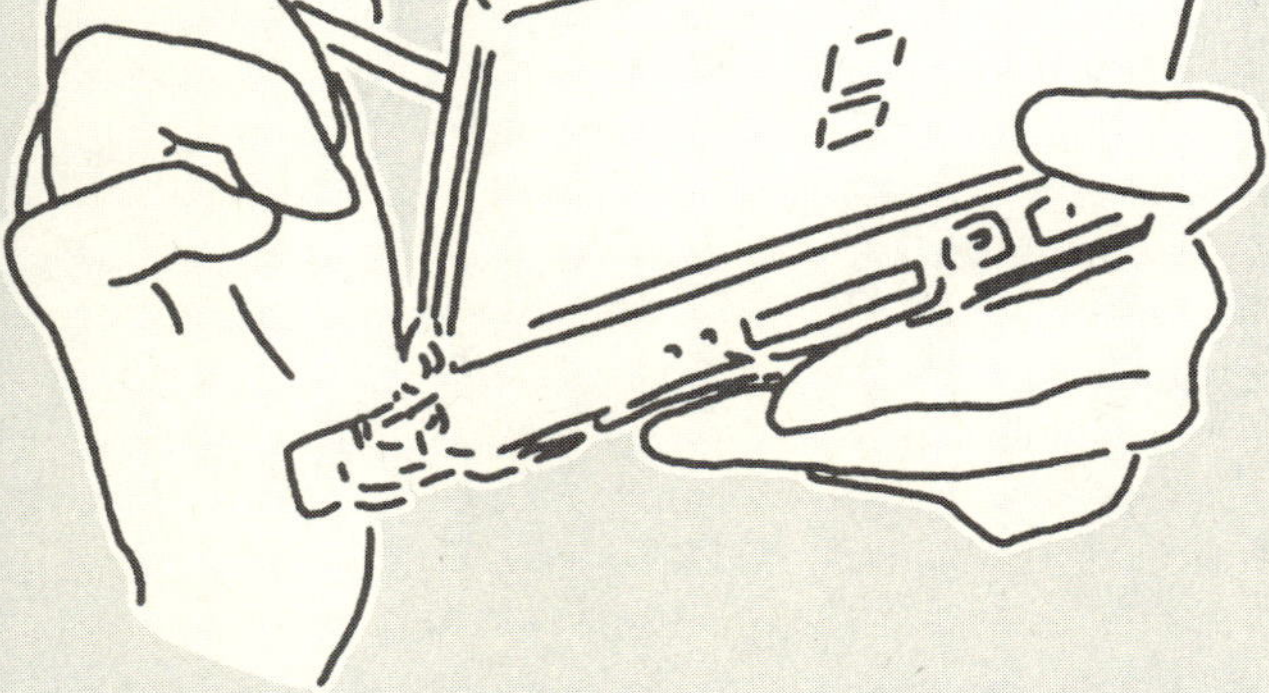

STUDY HACKS! 80

キャリアのブルーオーシャン戦略

「ひとつの会社で定年まで働く」というキャリアパスの説得力が失われ、転職が当たり前になってきている状況において、勉強することの重要性はどんどん高まってきています。

これには、ふたつの側面があります。

ひとつは、将来、**会社を移ることを前提に、より汎用性《はんようせい》の高いノウハウを身につけておく必要がある**ということ。

ひとつの会社でずっと働くのであれば、そこだけで通用する知識だけでも十分です。しかし将来、転職をするためには、ほかの会社でも通用するスキルを身につけていなければ、転職市場では評価されません。そこで、たとえば業務にまつわる資格を取ることによって、持っているスキルを客観的に評価されるものへと変えてやる必要があります。

勉強というのは、特定の会社の中だけで通用している知識を、より汎用性の高いものへと昇華《しょうか》させる方法なのです。

もうひとつが、**独自のキャリアを構築するための勉強**という側面です。これまでやってきた仕事と関係のない別のスキルを、勉強を通じて身につける。それによって、大胆なキャリアチェンジをしたり、自分のキャリアをユニークなものへと変えてしまうのです。

これを、企業の経営戦略論になぞらえて**「キャリアのブルーオーシャン戦略」**と呼びたいと思います。

ブルーオーシャン戦略というのは、血みどろの戦いを続けている既存の市場（レッドオーシャン）を避けて新しい市場（ブルーオーシャン）を作り出し、そこで莫大な利益を享受《きょうじゅ》しようとする戦略のこと。

過当競争に入ってしまった市場では、価格競争により利益率はどんどん下がる一方。他社との差別化をするための開発にも、多額のお金がかかるようになります。競争という血で染められたレッドオーシャンというわけです。適正な利潤《りじゅん》を求めるのであれば、そういうところで無駄に血を流すよりも、競争のない新しい市場を創るほうが賢明だというコンセプトです（注52）。

ブルーオーシャン戦略を立案するためには、**「四つのアクション」**と呼ばれる行動

ブルーオーシャン戦略の4つのアクション

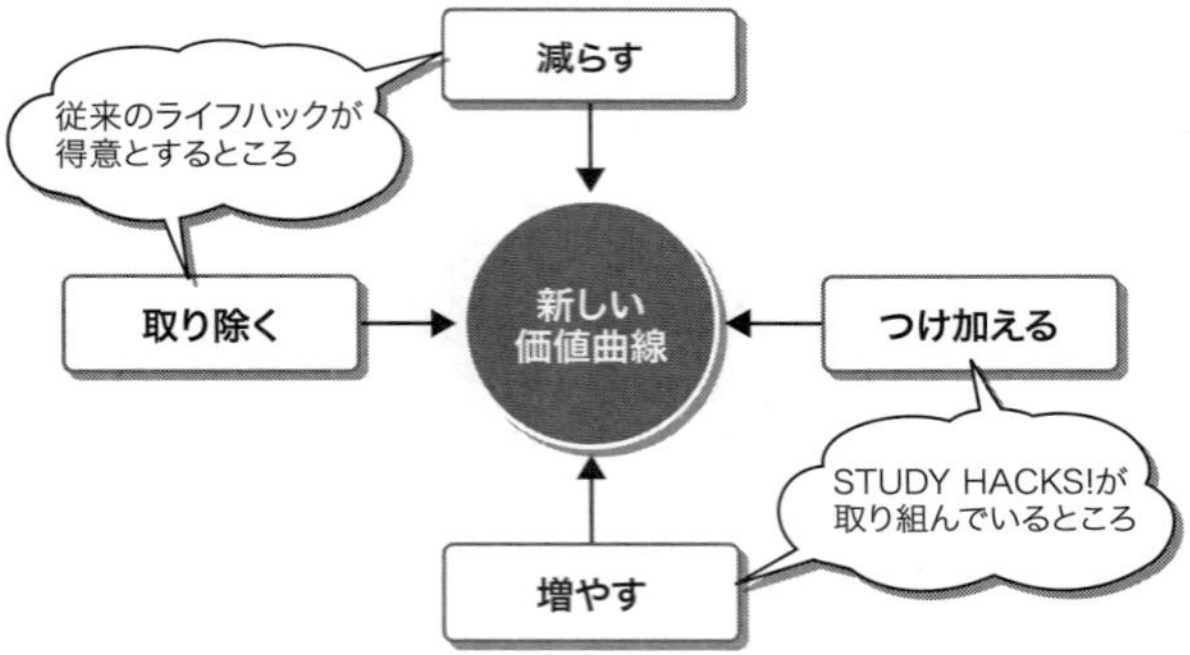

をとる必要があります。それは、業界標準に比べて思い切り**「減らす」**、思い切って**「取り除く」**、大胆に**「増やす」**、思いもよらないものを**「つけ加える」**という四つ。これらを実行すると、これまでの業界の常識をくつがえすような事業が見えてきて、結果として新しい市場を生み出すことができるのです。

　そしてこれは、事業だけでなく個人のスキルやキャリアにも適用できます。

　たとえば、**「減らす」「取り除く」は、これまでのライフハックが得意としているアクション**。ライフハックの多くは、従来必要だと思われていた作業を大胆に「減らし」、また「取り

NOTE

注52　『ブルー・オーシャン戦略』（W・チャン・キム、レネ・モボルニュ、ランダムハウス講談社＝現武田ランダムハウスジャパン）。

除く」ことによって、新しい仕事のスタイルを提案してきました。「これは本当に必要なのだろうか?」とゼロベースで疑うことは、ライフハックの基本姿勢。**ブルーオーシャンを目指す新規事業開発とライフハック開発は、この点できわめて近い思考作業**なのです。

　しかし、減らし、取り除くだけでは四つのアクションは完結しません。さらに、**「増やす」「つけ加える」というふたつのアクションが求められます**。実はこれこそが、この**「STUDY HACKS!」というハッキングテクニックに期待されている効果**なのです。

　勉強することによって、スキルを「増やす」「つけ加える」。その結果、競争のないブルーオーシャンで、思う存分、自分の力を発揮《はっき》できるのです。

「減らす」「取り除く」ことを得意とした従来のライフハックに、「増やす」「つけ加える」ことを意図《いと》するSTUDY HACKS!を加えることによって、ブルーオーシャン戦略の四つのアクションすべてが揃《そろ》う。いい換えれば、**STUDY HACKS!によってブルーオーシャン戦略としてのライフハックが完成する**のだと捉《とら》えることができるのです。

では具体的に、僕のケースでキャリアのブルーオーシャン戦略を説明してみたいと思います。

大学卒業後、広告代理店に入社してしばらくは、仕事に直接関連するマーケティングの勉強が中心でした。そして三年目に、先輩からのすすめもあって中小企業診断士を受験。その翌年には、アメリカのビジネススクールを受験しました。

ここまでは実は、まだレッドオーシャンにいました。ビジネススクールに行っても、上には上がいる。そして仮に、ハーバードのビジネススクールに入ったとしても、そこでも競争が待っている。こうした**際限のない競争こそレッドオーシャンの特徴**です。

ビジネススクールへ行ってからは、「起業」をテーマにしました。ビジネスの基本だけではなく、そこにビジネスの創造というテーマを加えたのです。さらに理論だけではなく実践も行っていくため、学校で勉強する傍《かたわ》ら、自ら小さな新規事業のプロジェクトを立ち上げました。ちなみに、シリコンバレーでその重要性を痛感した「生き生きと、楽しく、創造的に働く」というテーマが、地下水脈となって今のハックシリーズの根底に流れています。

このとき、それまでの「広告代理店の営業」というキャリアが、次第にその色合いを変えていくのがわかりました。「広告をつくる」から「ビジネスをつくる」へのシフト。日本にはそれほどたくさんはいないキャリアとして、競争のないブルーオーシャンへ踏み出したのです。

こうして、「企業の中に入り、新規事業を立ち上げる」というキャリアがはっきりと見えてきました。その後は、TYOインタラクティブデザイン・プロデューサー、松竹・プロデューサー、松竹芸能・事業開発室長と、事業開発のキャリアを「増やし」ていきました。今では独立して、新規事業、新商品開発のコンサルタントとして、企業のイノベーションをサポートしています。

こうして、いよいよ競争のない世界、ブルーオーシャンへとこぎ出していくことができたのです。そしてその結果、現在では、他人にはすぐに真似できない、ユニークなキャリアを積んでくることができたと自負《じふ》しています（注53）。

重要なことは、ここにはもはや**身を削《けず》るような不毛な競争はない**ということ。思う存分、自分の活躍できる場所を広げていけばいいのです。

NOTE

注53　こうしたキャリアを積んでこられたのは、ひとえに、すばらしい人との出会いがあったからこそ。出会いへの感謝は忘れてはいけないと、いつも自分にいい聞かせています。

STUDY HACKS! 81

会計を学んで水平展開する

では、キャリアのブルーオーシャン戦略で「増やす」「つけ加える」べきスキルやキャリアというのはどういうものなのでしょうか？　キーワードは**意外性**です。

たとえば、その業界で当たり前とされているスキルを身につけても、それは他人との差別化のポイントにはなりません。もし業界でナンバーワンを目指すのであれば、それでもいいでしょう。しかし、ナンバーワンとなれるのはごく一握り。そこには、熾烈《しれつ》な競争が待っています。これこそレッドオーシャン。できるだけ避けるべきものです。

かわりに、業界とはまったく関係ないスキルを持つとどうでしょうか？　たとえば、金融業界に居ながら、アパレル関連の知識を持っているとします。その人は、アパレル業界からは引く手あまたになるはずです。というのも、事業を拡大する局面においては、どの業界でもファイナンスのノウハウが必要不可欠だからです。

アパレルのプロはたくさんいても、アパレル業界に精通したファイナンスの専門家は少ない。ここに、「アパレル業界専門のファイナンスのプロ」というブルーオーシャンが生まれる可能性があるのです。

こうした展開がしやすいのは、マーケティング、ファイナンス、アカウンティング、ＩＴ、ヒューマンリソースマネジメントなどの汎用性の高い知識を、ある特定の業界へと専門特化するようなケースです。専門知識を別業界へと水平に展開していくので、**「スキルの水平展開」**と名づけたいと思います。

展開する先はできるだけ意外なものがよく、たとえばマーケティングを専門にしているのなら、できるだけマーケティングが行われていないような業界へと展開すると、その業界での重要なポジションを比較的簡単に獲得できます。異業種から飛び込んできて、その業界の慣習を打ち破って成功するというパターンは、こうした水平展開の成功例ですね。

こうした水平展開に対して**「キャリアの垂直統合」**という方法もあります。これは開発や生産現場という上流工程から売り場という下流工程まで知るという方法です。水平展開に比べると意外性は少なくなりますが、これもまた強みになります。

とくに、上流と下流のコミュニケーションギャップを埋《う》める橋渡し役としての活躍の場が見込めます。すでに天職となるような業界を見つけているのであれば、垂直統合のスキルアップをしてみるといいでしょう。

具体的には、上流にいるのであれば、下流の販売やマーケティングの知識を身につける。逆に下流にいるのであれば、最新の研究開発や製造のノウハウを学ぶというように、知識を垂直統合していきます。

ちなみに、**もっとも水平展開しやすい知識のひとつが、会計**でしょう。あらゆるビジネスにはお金が関係していますので、それも当然です。会社の中で、どのようにお金が流れているのかを知ることは、そのまま会社のビジネスを知ることにもなりますし、世の中の仕組みを知ることにもなります。また、その事業が成功するかどうかを見極めるビジネスへの嗅覚《きゅうかく》を研《と》ぎ澄《す》ますことにもつながります。

この会計学、深入りすればどんどんマニアックになっていきますが、通常のビジネスで求められるレベルはそれほど難しいものではありません。基本的には、簿記三級レベルの理解があれば十分です。この三級というのは、数十時間の勉強で合格できるといわれているので、すきま時間で対処できます。

僕の場合、中小企業診断士を受験するのに必要だったので、自分で問題集を一冊、数日かけて解《と》きました。試験に合格するのではなく、あくまで理解したレベルまでと割り切るなら、時間はかかりません。

STUDY HACKS! 82

勉強したことをすぐに実践する

新しいスキルを身につけたときにありがちなのが、勉強しただけで終わってしまうケース。それでは、ペーパードライバーといっしょで、いざ運転しなければ、というときに事故を起こしてしまいます。どんな小さなことでもいいので、ぜひ実践してみてほしいのです。**勉強したことをしっかりと自分のものにするためには、実践が絶対に欠かせません。**

「本業ならともかく、本業と関係のないスキルを試す機会がない」という人も多いかもしれません。しかしこれは実は、発想が逆です。**本業ではないからこそ、手軽に試すことができる**のです。

本業であればミスは許されません。常に本番であり、そこにプロとしてのクオリティが求められます。これはいい換えれば、最近勉強したことを「試す」なんてことは許されない世界です。そもそも、「今、勉強をしていまして……」なんてカミングアウトすら、ご法度《はっと》です。

広告代理店に勤めていたのですが、そこで「マーケティングを勉強していまして……」なんてクライアントにいったなら、それだけでアウト。知っていて当然のことは、隠れて勉強すべきことであり、身についていてもいないのに実践するのは、顧客への裏切り行為になります。

こういうことからも、実は本業にかかわる勉強ほど試す機会が少なく、勉強が机《き》上《じょう》のものだけに終わってしまうことが多いというパラドックスがあるのです。

しかし、これが本業でなければ状況は違います。「実はこんなことも勉強していて……」と話しても、マイナスになることはありません。それどころか、本業への付加価値が生まれます。

たとえば先のマーケティングの例でいえば、「最近、アロマテラピーに凝《こ》っていまして、アロマテラピー検定を受けているんです」といったあとに、「アロマでもたらされる体験とブランディングって密接な関係があるような気がするんです」というような関連性を見出し、人に伝えることができれば、これはもう立派な付加価値です。

さらに「アロマ・マーケティング」という言葉で自分の新しいキャリアをアピールす

れば、先述の通り、ここにブルーオーシャンがグッと近づいてくるはずです。

また、本業でないからこそ失敗も許容されます。勉強であることを伝えたうえで、「お試し」してもらいやすいということ。

たとえば僕の場合、コーチングの勉強を二〇〇七年八月一七日から始めたのですが、最初のクライアントを獲得したのが九月二日。実に半月後には、〝コーチデビュー〟してしまいました。そして二〇〇八年には一〇〇人以上の人にコーチングを行うことができました。

もしこれが本業だったらどうでしょうか？　勉強途中という中途半端《ちゅうとはんぱ》な技術でサービスを提供すべきでない、と判断してもおかしくないでしょう。

このフットワークの軽さは、それが本業でないからできることなのです。そして、何十人もの経験を積むことによって、結果として上達が早くなる。**本業でないほうがかえって実践に移しやすい、上達が早いというパラドックス**がここにはあるのです。

STUDY HACKS! 83

ダブルキャリアを目指す

勉強したことを実践に移していくと、キャリアのうえでも大きな実りがあります。

それは、**「ダブルキャリア」を身につけられる**ということです。

ダブルキャリアとは、ふたつの異なるキャリアを同時に持つこと。僕の場合でいえば、本業の新規事業コンサルタントに加えて、ビジネス書作家というキャリアを同時に進めていることが、それにあたります。

これが意味しているのは、**本業で万が一のことがあったときにいつでも別のキャリアを歩むことができる**ということ。**キャリアのセーフティーネット**になりうるのです。

こういう話をすると、「副業のほうに力がいって、本業がおろそかになる」という指摘をする人もいます。しかしその批判は、まったくの見当はずれです。ここでは三つの理由をあげてみたいと思います。

ひとつめは、**もうひとつのキャリアで身につけられるノウハウが、本業にもフィードバックできる**ということ。コーチングであれば、そこでの対話術が本業の人材マネジメントや営業スキルなどにもいい影響を与えます。ふたつのキャリアがお互いに相乗効果をもたらすわけです。

ふたつめの理由は、**セーフティーネットがあるからこそ、本業で冒険ができる**という点です。もしダブルキャリアの後《うし》ろ盾《だて》がなければ、人は誰でも守りに入らざるをえません。そういうときには、たとえばその判断が会社にとってマイナスのことであっても、自分に災難が降りかからないように「見て見ぬ振りをする」といった保身の行動に結びつきます。

たとえば、へたに口を出して責任がのしかかってくるのもいやなので、「改善すべき点があっても指摘しない」というのも、シングルキャリアならではの処世術。社内政治ばかりに意識がいき、仕事のやり方がどんどん内向きになるのです。

家族を養《やしな》うようになって守るものが多くなったときに、積極的にリスクをおかせと強要するのも無理な話です。ダブルキャリアによって「この仕事がなくても生きていける」という確信があってこそ、大胆な行動も起こせるというものです。

三つ目は、**閉塞《へいそく》感の打破**につながるということ。ある仕事がうまくいっていないときのストレスを、ダブルキャリアを持っている人は、もうひとつのキャリアで発散することができる。精神的なバランスをとることができるのです。とくに企業内のうつ病が社会問題になっている時代、狭《せま》い枠組みの中で鬱屈《うっくつ》しているのではなく、別のキャリアで気分転換することは、精神衛生面においてもプラスに働くはずです。

とくに最後の精神面の利点については、キャリアとまで大げさにしなくても、勉強そのものがいい効果を生みます。現場の泥臭《どろくさ》いドタバタに巻き込まれているときに、抽象的できれいな学問の世界に触れると、気持ちも少し晴れる。現実と理想のバランスをとることで、精神的な安定を手に入れることができるのです。

STUDY HACKS! 84

勉強で広げる人脈術

若い人へのコーチングをしていると、人脈に関して閉塞《へいそく》感を感じているという相談も多くあります。仕事をし始めて二〜三年経つと、社内の人脈に広がりがなくなってきて、社外についてもつき合いが固定化する。「転職」という〝悪魔のささやき〟が聞こえてくるのも、この時期。とくに上司に不満を持っていた場合などは、かなり高い確率で転職を考えるでしょう。

確かに、こういう状態が長く続くと、自分自身の成長にも影響があります。いい人脈が広がらないことで、仕事がマンネリ化し、成長できないという悪循環に陥《おちい》るわけです。

この人脈の閉塞感を打破する方法のひとつが、**勉強を通じた新しい人脈獲得**です。勉強をすると、今までの仕事では得られなかった新しい人脈をつくることができます。

たとえば、よくいわれることですが、ビジネススクールに通う「本当の目的」というものがあります。

ビジネススクールでは、もちろんビジネスに関する勉強をするわけですが、本当の目的は実は、そこに集まる優秀でグローバルな人脈を獲得することにあります。日本にいるのではなかなか知り合うことのない人たちと、ビジネススクールで勉強を通じて仲良くなる。ここでつくられる友人ネットワークは、とても貴重なものです。

重要なのは、**勉強で得た人脈は利害関係が絡《から》まないので、非常に強い結びつきになる**ということ。学校では、会社の肩書など関係ありません。協力し合いながらプロジェクトを進め、終わったらお酒でそれまでの苦労をねぎらう。そこには強い連帯感が生まれます。

その点、**仕事でつながる人間関係は、金の切れ目が縁の切れ目になることが多い**。若いうちはとくにそうで、相手はあなたではなく、会社の名前でつき合いをしているわけです。そういう表面的なつき合いに疲れたときにも、勉強仲間の存在は非常に心強いものがあります。自分の価値を見直す機会にもなるのです。

このような新しい人脈の広がりは、キャリアデザインにおいても重要です。昔は社内の人脈があれば出世もできたし、将来も約束されました。しかし、転職が当たり前となった今では、社内人脈だけでは不十分です。そこで勉強というきっかけを使って、人脈を増やすというハックが重要になるのです。

勉強をきっかけとした人脈は、驚くほどの勢いで広がります。今までつき合ってきた人とは違う種類の人との出会いが、短期間のうちに急激に増えるのです。それは、**人脈が実はレイヤー（層）状になっていることに関係しています。**

たとえば、会社のレイヤー、家庭や親類のレイヤー、同窓会のレイヤー、地域のレイヤー、ボランティアのレイヤーなど、人脈はある文脈（コンテキスト）というお皿の上に乗っかっています。勉強によって急激に人脈が増えるのは、この人脈のレイヤーというお皿が一枚、増えるからなのです。お皿に乗っているいろいろな人が、**ひとかたまりになって、あなたの人脈に加わる**からなのです。

たとえば僕の場合、ひとつは「イシス編集学校」との出会いが大きな転換をもたらしました。編集学校のいい点は、教える側も体験できるということ。最初は勉強する側なのですが、「守《しゅ》」「破《は》」「離《り》」のステップを踏《ふ》んでいくことで、「師範代《しはんだい》」や「師範」といった教える立場も経験できるのです。そのことによって、いっしょに勉強した仲間だけでなく、勉強を教えた、いわば教え子という関係のネットワークをつくることもできました。

もうひとつが、CTIジャパンのコーチングコース。ワークショップは三日間あるのですが、この三日間の濃密な体験を通じて強烈な仲間意識が生まれるのを見ると、本当に不思議な気持ちになります。

リアルな場所で行うワークショップであることに加え、コーチングという、人と人のかかわり方に関係するものであるために、そこでできるつながりが強固なものになるのだと思います。

最近ではここに、インプロヴィゼーション（即興劇）の人脈なども広がっています。

このように、会社の人脈レイヤーに加えて、イシス編集学校というレイヤー、CTIジャパンのコーチング、インプロというレイヤーを加えることで、人脈を広げることができたのです。

こうして人脈レイヤーを増やしていくと、今度は新しい展開が始まります。それが、僕が各レイヤー間の「**ショートカットリンク**」の役割を果たすことになるということ。知り合いに人を紹介するような人脈のつなぎ役ができるようになるのです。

組織にとっても、こうして組織間をつなぐショートカットリンク役を持つことによって豊かな広がりを獲得できる。あなたの会社にとっても、プラスの効果をもたらすことはいうまでもありません。

このように、ショートカットリンクによって生まれるつながりを、ネットワーク理論では「**スモールワールドネットワーク**」と呼びます。そして世の中は、実はこのスモールワールドネットワークでできているのです。

友人の友人の友人の……というように知り合いを六人たどっていくと、世界中の人とつながることができるという「六次の隔《へだ》たり」の話は聞いたことがあるかもしれません。どうしてそんなことが起こるのかといえば、必ずある人が、人脈レイヤーを結びつけるショートカットリンクの役割を果たしているからなのです。

勉強で人脈を広げることとは、人脈レイヤーを増やすことであり、あなた自身が貴重なショートカットリンクになること。それによって、あなたを取り巻く世界を、豊かなスモールワールドネットワークにしてしまう人脈術なのです。

人脈レイヤーとショートカットリンク

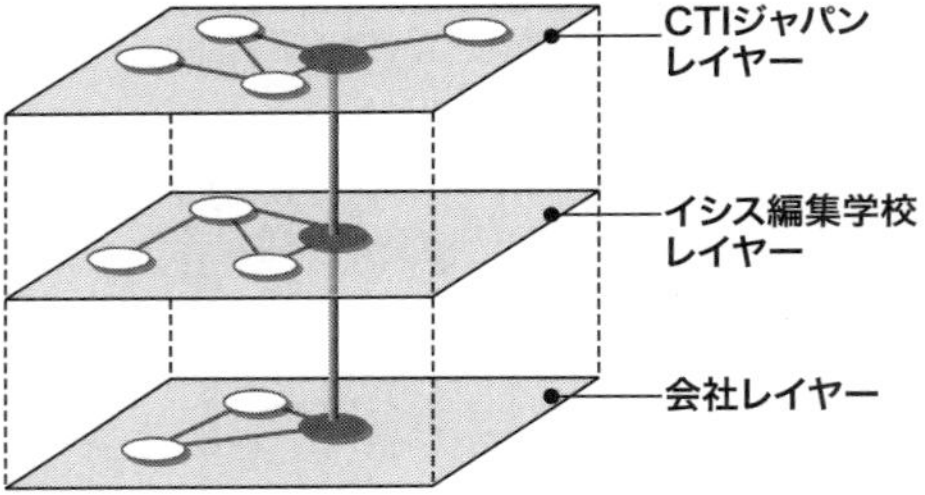

あなたが人脈のショートカットとなって、各レイヤーの人脈をつなぐ役割を果たすことになる。これで人脈が一気に広がっていく。

STUDY HACKS! 85

勉強の費用対効果

勉強に対する金銭的な費用対効果は、回収期間をどれくらいに設定するかによって大きく変化します。

結論から先にいえば、**若いうちの投資は回収期間が長いので、どんな投資であっても回収可能で**す。学費、生活費を含めると一〇〇〇万円を優に超える海外ビジネススクールへの留学であっても、三〇年かけて回収するのであれば、単純に割り算したら一年あたり三三万円。一ヵ月に直せば、三万円弱。一日であれば九〇〇円のランチ代程度。**回収期間の長い若いうちは、お金のある限り、どんどん勉強していくほうが得する**のです。

しかし問題は、お金だけではありません。勉強のために必要となる時間の確保のほうが難しいケースも多いでしょう。ビジネスの世界では、時間についてもお金に換算して考えるので、ドライに計算することも可能です。しかし通常の生活においては、家族との時間や友人との時間、趣味の時間など、お金には換算できないプライスレスな活動との調整が必要になってきます。

そこで、**勉強をすることで「諦《あきら》めること」「やらないこと」を決める**必要があります。たとえば、「残業をしない」「お酒は週に二回」「趣味の活動を減らす」などの決断をしなければなりません。これがなかなかつらい。これまで当たり前のようにやってきた習慣を変えることになるので、どうしても続かないことが多い。いい換えると、ここで行われているのはお金ではなく、「諦める快楽」との費用対効果の計算なのです。

ということは、勉強することによって得られる快楽をできるだけ最大化して、勉強の意欲を掻き立てる必要があります。第四章で紹介した「STUDY HACKS! 48 五年後の自分の姿に名前をつける」などのハックで対処することになります。

一番よくないのは、現状に流されて何もしないまま日々をすごしてしまうこと。現代のように変化の激しい時代には、何もしないでいることのリスクが非常に高い。何もしないでいる人は、環境の変化に耐えられず絶滅していった恐竜と同じ運命をたどることになります。「若いうちの投資は必ず回収できる！」といい聞かせて、さらなる勉強へと自分自身を動機づけていきましょう！

STUDY HACKS! 86

仕事を「ケーススタディ」に変える

勉強を進めていくと今度は、現実の世界からも学べることが増えてきます。ビジネススクールでは、**「ケーススタディ」**と呼ばれる勉強方法がありますが、まさにそれです。

ケーススタディでは、主にビジネスの世界で起こった難しい判断を迫《せま》られる状況をまとめた、ケースと呼ばれる数ページのストーリーを利用します。そこには判断に必要な情報が記載されており、それをもとに、どういう決断をすべきなのかをチームや授業で議論していきます。

ケーススタディのポイントは、**よいケースを選ぶこと**につきます。よいケースは、まるでよくできた小説を読むような興奮を覚えます。「このあとどうなるのだろう？」というところで、ケースは、「あなたならどうしますか？」と問われる。これが小説とケースの大きな違いです。ケースは一般の人にも販売されており、たとえば世界最高峰のハーバードビジネススクールのケースも、オンラインで申し込んで入手できます（注54）。

ケースを勉強していると、その企業がとたんに身近に感じられてくるから不思議です。どんなに成功している企業でも、さまざまな難しい局面があり、判断に迷う瞬間があります。

歴史に「もし……」はない、とよくいわれますが、ケースでの議論はまさに、その「もし」を議論するもの。決定者の立場になって判断をするとき、それまでまったく他人事だったことが、自分のものとして思われてくるのです。どんなにすごい経営者やマネージャーも、一人の人間なんだと安心することもあります。

こうした見方ができるようになると、**世の中のできごとはすべてケースに見えてきます**。新聞の経済面はケースの宝庫。成功したプロジェクトから失敗したものまで、その裏にあったであろうストーリーへ思いをはせることができるようになります。

NOTE

注54　英語版なら http://www.hbs.edu/case/ で入手可能。日本語翻訳版は、http://www.bookpark.ne.jp/harvard/ です。

ワンマン社長の企業であれば、「現場はたいへんそうだなあ」とか、歴史のある大企業のプロジェクトであれば「判断まで判子《はんこ》がいくつ押されたんだろう。調整、たいへんだったろうなあ」という想像です。

もしあなたがその中にいたら、どういう判断をし、どういう行動をとるのか。それがまさにケーススタディなのです。こうしたケース的な読み方を提供しているブログも多いので、閲覧するのもいいでしょう。

ケーススタディはなにも、他社の事例に限りません。**自分自身のかかわっている仕事で起こったできごとも、当然、格好のケーススタディ**です。日々経験することをケーススタディとして捉えて、勉強する。そう意識するだけで、成長の速度が断然、速くなります。

ケーススタディとするためには、仕事を客観的に捉える視点が必要になります。仕事に取り組んで悪戦苦闘している自分自身を冷静に見つめるもうひとつの視点。仕事をこなしている自分を見つめながら、「こうすればいいのに」「こうやったらもっとうまくいくのに」とアドバイスする自分。傍目《おかめ》八目《はちもく》ということわざのように、傍《はた》から見ているからこそわかる改善ポイントを見つけ出す視点です（注55）。

おすすめしたいのが、学んだことをライフハックにしてしまうことです。そして、「○○したときに気をつける五つのこと」というタイトルでブログの記事にしてしまう。こうすると今度は、失敗をするたびに「ライフハックのネタができた！」と喜ぶようになる。精神的に病《や》む人の多い最近の職場環境では、失敗を喜ぶくらいの感覚で取り組んだほうが、精神衛生上も、そして生産性の観点からも、よいと思うのです。

NOTE

注55　この視点を手に入れるには、仕事を深刻に捉えすぎてはいけません。深刻になればなるほど、今起こっている現象に囚《とら》われてしまって、客観的な視点を持つことが難しくなります。そして、困難な状況への悩みで頭がいっぱいになってしまう。「真剣」に取り組むことは大切です。しかし、「深刻」になってはいけない。このふたつはまったく別のものなのです。

STUDY HACKS! 87

師匠を持つ

自分の仕事を客観的に見つめるために必要なことが、**師匠を持つ**ということ。「ああいうふうに仕事をしたい！」という仕事のロールモデル（お手本）があると、それが基準となって、目指すべき方向性がわかります。こうした指針がないと、まるでゴールの見えないマラソンを走り続けるような状況になりかねません。

大切なのは、少しでも前に進んでいる感触。この道を進めば、あの**ロールモデルに**

近づけるんだと確信できることが重要なのです。

師匠を持つということは、こうした前向きな生き方にもつながりますが、もっと別の効能もあります。それは、その人の**人生を彩《いろど》り豊かなものにする**という効果です。たくさんの師匠を持つというのは、それだけさまざまな人の魅力を知っているということになります。

美しい風景に出会うと、「この風景を見ずして人生を終えるのはもったいない！」と思ったりしますが、これは人の魅力についてもいえるのです。魅力的な人に出会うとき、「ああ、生きててよかった！」と思う。そしてその人を、その分野の師匠として仰ぐ。

美しい風景をたくさん知っていると心安らかになるように、人の魅力をたくさん知る人は、それだけ心が輝くのです。

なんて、ちょっとロマンチックに書いてみましたが、人のいいところに感銘《かんめい》を受けるように心がけていると、それだけで自然と生きる勇気や元気が湧《わ》いてくるものです。

この場合、師匠は、必ずしも有名人やものすごいスーパーマンである必要はありません。身近にいる人でも、「こういうところを見習ってみよう」と思うことがあれば、その人は師匠です。

そんなことをいうと節操《せっそう》がないと思われるかもしれませんが、**よく学ぶ人というのは、頭がいい人なのではなく、どんな場面、どんな人からも、学ぶべきところを見つけ出す才能のある人**なのです。

どんどん師匠を見つけていきましょう。

STUDY HACKS! 88

業務時間の二〇%を自分R&Dに費やそう

Google や3M《スリーエム》といった会社では、一五～二〇%程度の一定の時間を自分のプロジェクトのために使える仕組みがあります。その仕組みを使って、たとえば Gmail などのサービスやポスト・イットなどの新商品も誕生しました。

こうした時間は、メーカーでいえばR&D（研究開発）に相当するでしょう。直接、今やっている業務には関係なくとも、将来に必要になるのではないかという予感のもと、進めていくという点では同じです。知識産業においては、そうしたR&Dをやる部門と実務部門を切り離すのではなく、同じ人物が両方にかかわるほうが理にかなっているのです。

僕自身、コンサルティングや本の執筆という知識産業に身を置いているものとして、ちゃんと未来を見据《みす》えたR＆Dを意識的に行っていかなければ、という気持ちから、Googleなどと同様、**業務時間の二〇％をR＆Dに費《つい》やす**ようにしています。

この二〇％の時間については、対価を求めるのではなく、ときにはボランティアワークとしてかかわっていくようにしています。自分のやったことのない領域の仕事では、いきなり対価を求めてしまうと仕事を受けることができません。「お金はいらないので、お手伝いさせてください」というオファーで、未経験の領域に飛び込んでいくのです。

こうして、二〇％の時間を常に、新しい領域へ投資していくと、どんどん自分の未来が拓《ひら》けていきます。逆にいえば、この投資を惜《お》しんでしまうと、現状にとどまってしまうことになり、新しい未来はやってきません。これは企業も個人も同じです。

独立してからはなおさら、こうして自己革新のための時間を、強制的に割り当てておくことの重要性を実感しています。

STUDY HACKS! 89

STUDYとSTUDIOUS――人生に熱中するための勉強

師匠を見つけて人から学ぶようになると、勉強の意味合いがどんどんと拡大していきます。勉強という言葉には収まり切らない、人生の深遠を覗《のぞ》くような感覚がありま す。実は、ここには勉強にまつわるもっとも重要で、もっとも伝えたかったポイントが隠されています。それが、**STUDIOUS**というコンセプトです。

ＳＴＵＤＩＯＵＳとはＳＴＵＤＹの語源を同じくする言葉で、「よく勉強する」という意味のほかに、**「熱中する」というニュアンス**があります。キャリアハックでは実は、人生にまつわる不安を払拭《ふっしょく》して、人生に熱中するためのハックを目指していま す。勉強をすることによって、提供できる付加価値が増え、人脈が広がり、仕事から多くのことを学ぶ。そこにあるのは、寝る間も惜《お》しいくらいに人生に熱中している姿です。

それから脳科学者の茂木健一郎さんによれば、このＳＴＵＤＩＯＵＳという言葉には、**多くの人が一心に何かをつくりあげる**という意味もあるそうです。同じＳＴＵＤＩＯＵＳから派生したスタジオ（ＳＴＵＤＩＯ）という言葉には、音楽を録音したり、撮影をしたり、番組を収録したりする場所という意味が生まれました。STUDYのもとをたどると、実は、人と人とがエキサイティングにかかわっていく言葉にもつながります（注56）。

そうして考えると、今までの勉強観が大きくゆらぎ始めます。勉強というと、一人で机に向かって黙々《もくもく》と進めていくようなイメージがあると思いますが、本来の意味から考えると、あまりに偏《かたよ》った勉強観だといえます。

同じSTUDIOUSから派生したスタジオという言葉が示しているように、勉強というのは、**新しいものが生まれる「場」**にこそふさわしいもののはず。そして、そこでの経験を通じて一人ひとりが新しい発見をする。それこそが、本来の勉強のはずなのです。

そうした人と人がかかわり合う「場」については、紙幅の関係もあり深く触れることができませんでしたが、このハックシリーズの中でぜひ触れていきたいと思っている重要なテーマです（その後、『IDEA HACKS!2.0』で、その一部を執筆することができました）。

NOTE

注56 『芸術脳』（茂木健一郎著、新潮社）の中の、茂木健一郎と佐藤雅彦《さとうまさひこ》の対談より。

そのテーマで書くときには、今、僕自身がかかわっている新規事業立ち上げの経験についても紹介することになるかと思います。少しタネを明かすと、その新規事業という「場」が、STUDIOUSなものになっているのです。そこでは毎日が、**学びとエキサイトメントの連続**。仕事に、人生に熱中する本来の意味での「勉強」が行われているのです。

STUDYからSTUDIOUSへ。これは、勉強法のキーワードにとどまらない、生き方のキーワード。**先の見えない時代を楽しむための魔法の言葉**なのです。

245 STUDY HACKS! 主体性のライフハック

STUDY HACKS!
主体性のライフハック

あまりに複雑になった世の中において、あらゆる事態に対応できる完璧な知の体系なんて存在しません。そんな巨大な知の体系は、戦闘機による空中戦が主流になってきた第二次世界大戦期に、巨大戦艦を建造しようとするようなものでしょう。終戦間近、戦艦大和《やまと》は無残にも沈められてしまいます。

これまでの、科学的な知というのは、ある範囲を想定して、その想定の中で起こることだけに対処していました。しかしその限界が露呈《ろてい》したのが、東日本大震災でした。「想定外」とされた高さの津波は、東北の町を破壊していきました。

これまで、その場限りのアドホックな対応は、システム全体の一貫性を損《そこ》なうものとして否定されてきました。しかし世の中で起こる複雑な事象に対して、科学的な意味での一貫性では対応できなくなってきました。こうした一貫性とは別の対応策が必要になってきたのです。

ライフハックとは、その場にあるリソースを使って難しい問題をサクッと解決する、まさにアドホックな問題解決です。それは一回切りしか通用しないかもしれませんし、もしかしたら以前の方法と齟齬《そご》が生じるかもしれません。しかし、思ってもみない想定外の事態に対しては、過去との一貫性を調整するよりも先に、その場で生まれる知恵で対応することのほうが、効果的なのです。

そこで求められるのは、できごとが起こっている〈場〉を感じる力であり、そこにある暗黙のルールを瞬時に理解する力です。そしてそこから、解決の可能性となりうる〈源《ソース》〉を認識することです。その源から紡《つむ》ぎ出される直観的な判断に身を任せて、問題に対応していく。

アクション映画の主人公を思い浮かべてもらうといいでしょう。その場にある道具を瞬時に活用し、窮地《きゅうち》を脱出する。究極のライフハックです。

この『STUDY HACKS!』は、文字通り「学び」をテーマにしています。今回、文庫として『IDEA HACKS!』『TIME HACKS!』と並んで、この『STUDY HACKS!』が同時刊行されるのには、大きな意味があります。複雑な世界にアドホックに対応するライフハックの根幹には、「学びの知恵」が不可欠だからです。

こうしたアドホックなやりかたには、たしかに、科学的な客観性を持った一貫性はないかもしれません。しかし、同じ学びの知恵から生まれる取り組み方には、ある種の一貫性があります。たとえば映画『ダイハード』の主人公は、偶然や直感に身を任せているように見えて、しかしそこに現れるマクレーン警部らしさを感じさせてくれます。映画を観たことがある人なら、皆、「なんでこんな目にあうんだ」とぼやきながら犯人を追い詰める彼の姿に、ある種の一貫性を感じるはずです。

こうした一貫性こそが、これからの時代に求められる主体性です。首尾《しゅび》一貫《いっかん》した近代的な「主体」ではなく、内に秘めた知恵から表現される主体。置かれた複雑な〈場〉に即して生まれる表現としての主体。その表現は多様でありながら、一貫しているのです。

ライフハックも同じです。アドホックに対応しているように見えて、同じ魂《たましい》から生まれる表現には一貫性が生まれる。この『STUDY HACKS!』には、こうした新しい主体性の追求が、透《す》かし絵のように織《お》り込まれています。

これからも僕たちは、さまざまな学びの場面に出くわすでしょう。そこで自己表現するためのライフハック。そこに究極の『STUDY HACKS!』があるはずです。

二〇一二年三月　小山龍介《こやまりゅうすけ》

本作品は二〇〇八年三月、東洋経済新報社より刊行された『STUDY HACKS! 楽しみながら成果が上がるスキルアップのコツと習慣』を文庫収録にあたり加筆、改筆したものです。

小山龍介―1975年、福岡県生まれ。株式会社ブルームコンセプト代表取締役。京都大学文学部哲学科美学美術史学卒業。大手広告代理店勤務を経て、サンダーバード国際経営大学院でMBAを取得。2006年からは松竹株式会社プロデューサーとして歌舞伎をテーマにした新規事業を立ち上げ、2009年より現職。新規事業コンサルティング、ハックノートをはじめ新商品プロデュースなどを行っている。また、創造性を身につける企業研修『IDEAHACKS! 創造性ワークショップ』は、大手通信会社、大手メーカーなど、多くの企業で採用されている。

講談社+α文庫 STUDY HACKS!《スタディハック》
――楽しみながら成果が上がるスキルアップのコツと習慣

小山龍介《こやまりゅうすけ》

2012年4月20日第1刷発行

発行者――鈴木 哲
発行所――株式会社 講談社
東京都文京区音羽2-12-21 〒112-8001
電話 出版部(03)5395-3529
販売部(03)5395-5817
業務部(03)5395-3615
カバーイラスト――石川ともこ
デザイン――鈴木成一デザイン室
本文データ・図版制作――朝日メディアインターナショナル株式会社
カバー印刷――凸版印刷株式会社
印刷――慶昌堂印刷株式会社
製本――株式会社国宝社

落丁本・乱丁本は購入書店名を明記のうえ、小社業務部あてにお送りください。
送料は小社負担にてお取り替えします。
なお、この本の内容についてのお問い合わせは
生活文化第二出版部あてにお願いいたします。
Printed in Japan ISBN978-4-06-281470-6
定価はカバーに表示してあります。

講談社+α文庫 Ⓖビジネス・ノンフィクション

原子力神話からの解放 日本を滅ぼす九つの呪縛	高木仁三郎	原子力という「パンドラの箱」を開けた人類に明日は来るのか。人類が選ぶべき道とは？	762円 G 227-1
大きな成功をつくる超具体的「88」の習慣	小宮一慶	将来の大きな目標達成のために、今日からできる目標設定の方法と、簡単な日常習慣を紹介	562円 G 228-1
「仁義なき戦い」悪の金言	平成仁義ビジネス研究所 編	名作『仁義なき戦い』五部作から、無秩序の中を生き抜く「悪」の知恵を学ぶ！	724円 G 229-1
エネルギー危機からの脱出	枝廣淳子	目指せ「幸せ最大、エネルギー最小社会」。データと成功事例に探る「未来ある日本」の姿	714円 G 230-1
世界と日本の絶対支配者ルシフェリアン	ベンジャミン・フルフォード	著者初めての文庫化。ユダヤでもフリーメーソンでもない闇の勢力…次の狙いは日本だ！	695円 G 232-1
「3年で辞めさせない！」採用	樋口弘和	膨大な費用損失を生む「離職率が入社3年で3割」の若者たちを、戦力化するノウハウ	600円 G 233-1
管理職になる人が知っておくべきこと	内海正人	伸びる組織は、部下に仕事を任せる。人事コンサルタントがすすめる、裾野からの成長戦略	638円 G 234-1
IDEA HACKS! 今日スグ役立つ仕事のコツと習慣	原尻淳一 小山龍介	次々アイデアを創造する人の知的生産力を高める89のハッキング・ツールとテクニック！	733円 G 0-1
TIME HACKS! 劇的に生産性を上げる「時間管理」のコツと習慣	小山龍介	同じ努力で3倍の効果が出る！ 創造的な時間を生み出すライフハッカーの秘密の方法!!	733円 G 0-2
STUDY HACKS! 楽しみながら成果が上がるスキルアップのコツと習慣	小山龍介	無理なく、ラクに続けられる。楽しみながら勉強を成果につなげるライフハックの極意！	733円 G 0-3

＊印は書き下ろし・オリジナル作品

表示価格はすべて本体価格(税別)です。本体価格は変更することがあります